초판 1쇄 인쇄 | 2010년 6월 20일
초판 1쇄 발행 | 2010년 6월 25일

글쓴이 | 먹물
발행인 | 김영재
편 집 | 김용석 · 정대진

발행처 | 책마루
주 소 | 서울 금천구 독산1동 1002번지 진도1차 806호
대표전화 | 02-445-9513
팩 스 | 02-445-4513
이메일 | bookmaru9513@gmail.com
디자인 | 캠프커뮤니케이션즈

ISBN 978-89-963219-3-4-03040

가출 소녀와의 동거

글쓴이 **먹물**

　이 글은 딴지일보에 게재되었던 연재 분량과 이후의 이야기를 묶은 것이다. 따라서 내용상 약간의 단락이 있다. 1~4부까지가 2009년 가을 즈음에 딴지일보에 연재되었던 내용이고, 이후는 2009년 가을에서 2010년으로 이야기가 넘어간다. 4부까지의 서술에서 아이들과의 이야기가 일단락되었던 것은 실제로 그런 상황에서 글이 쓰여졌기 때문이다. 이후에 상황이 달라지고, 어느 정도 정리가 된 후에 다시 글을 쓰기 시작한 것이 5부 이후의 내용이다. 전체적으로는 시간 순서대로 서술됐지만 5부처럼 전혀 다른 구성이 끼어든 것도 그런 이유에서다.

　이 글은 실제로 겪은 경험담에 기초하고 있다. 글의 구성상 여러 차례 벌어진 일을 한번에 뭉쳐 서술하거나 순서를 바꾸는 정도의 변화는 있지만, 허구를 가미하지는 않았다. 등장인물들에게는 연재 당시부터 그 사실을 알렸으며, 자신

4

들을 가명으로 처리하는 것을 조건으로 허락을 얻었다.

　본명을 밝히지 않고 필명을 유지하는 이유는 두 가지가 있다. 처음 딴지일보에 연재를 시작하게 되면서, 분명히 큰 반향이 있을 거라 예상이 되었지만, 그것이 긍정적일지 부정적일지는 나와 딴지일보 편집부 모두 판단하기 어려웠다. 그 당시 나는 아직 아이들과 함께 있을 때였고, 불필요한 오해를 살까 근심하고 있었다. 그래서 1부의 표현을 힌트로 '먹물'이란 필명이 만들어졌다. 딴지일보는 원래 필명을 따로 쓰는 매체였기 때문에, 출간이 확정된 후 기존의 필명을 무시하는 것도 그래서 조금은 어색했다. 또한 여전히 오해의 시선에서 자유롭지 못할 거라는 판단도 있었다.

　또다른 이유는, 이 글을 나 개인의 체험담으로만 한정짓고 싶지 않은 바람 때문이다. 나 역시 이 일을 겪기 전까지, 10

대 가출소녀들과의 생활을 사뭇 판타지처럼 상상했던 게 사실이다. 하지만 상상과 현실은 다르다. 그래서 비슷한 상황을 마주했을 때, 비록 요즘 흉흉한 소식들이 자주 전해지긴 하지만, 모든 남자들이 잘못된 선택을 하지는 않을 거라고 믿고 있다. 누구나 떠올릴 수 있는 욕망과 의지 사이에서 갈등하는 이 글의 주인공은, 나 자신이 아니라 다른 누구일 수도 있다는 의미에서 익명 같은 필명을 유지하기로 했고, 출판사 측도 흔쾌히 동의해주었다.

　연재 시작 때부터 격려를 해주고 출판에까지 적극 지원해주신 딴지일보의 '너부리' 편집장에게 우선 감사의 말씀을 드려야 하겠다. 그가 아니었다면 아마 이 내용은 술자리 뒷담화 정도로 끝났을지도 모르고, 나 자신의 행동도 어떻게 달라졌을지 모른다. 우연치 않게 나의 이야기를 듣고 함께 걱정해주셨던 딴지일보 총수를 비롯한 필진들, 강 원장을 비롯한 지인들도 많은 도움이 되었다. 또한 출판에 앞서 가출 소녀들이 실제로 잘 되었으면 하는 마음에서 여러모로 신경을 써주신 책마루의 김영재 대표에게도 감사 드린다.

　무엇보다 이 책이 나오게 된 데엔 소재가 된 아이들이 최대의 공로자(?)라고 할 수 있겠다. 수많은 고민을 던져주었던 그 아이들에게 오직 행운이 있기를 진심으로 바란다.

2010. 5월

차례

만남

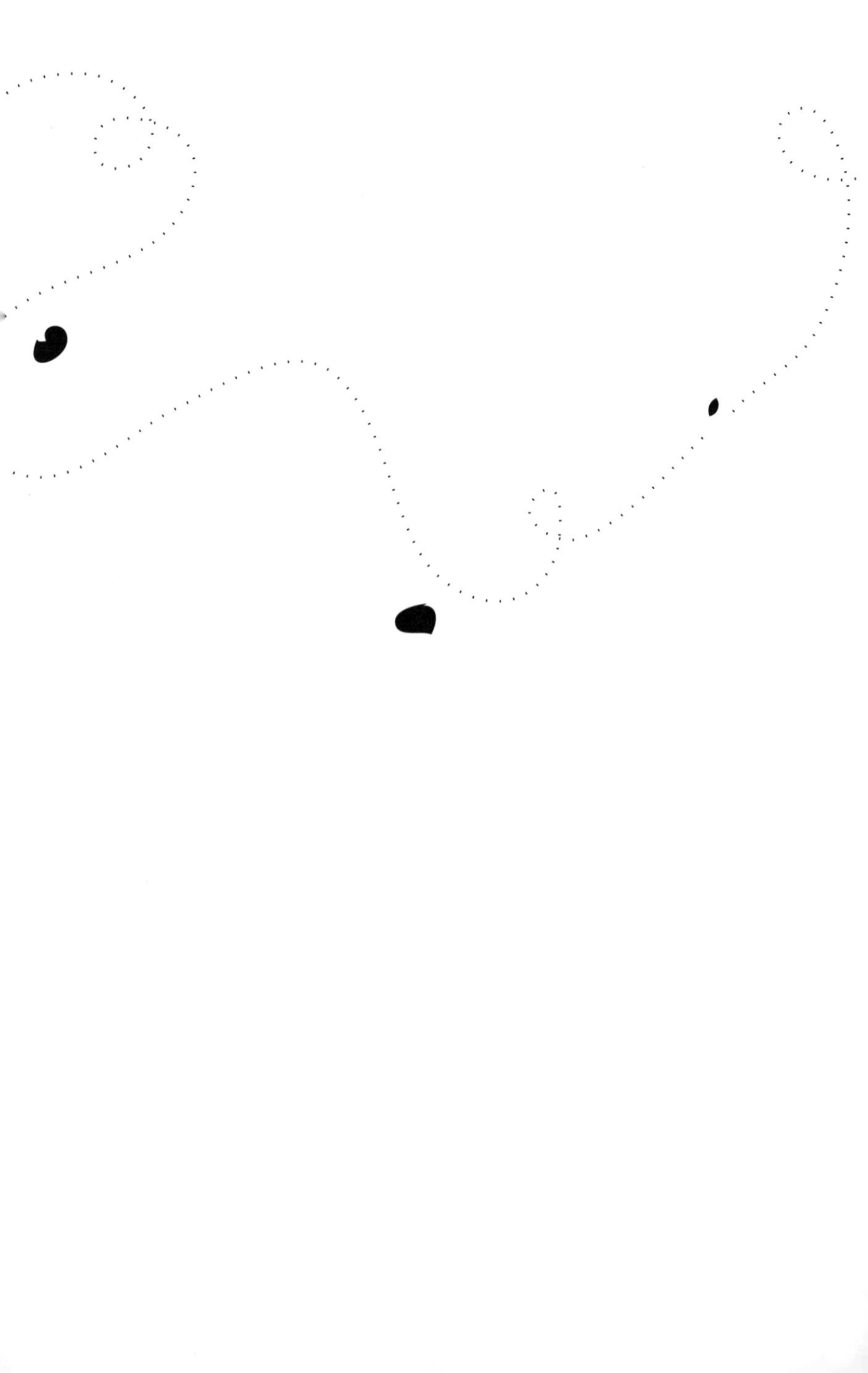

2009년 5월 말이었다. 밤 11시쯤, 난 배가 고파서 떡볶이나 먹을까 하고 집을 나섰다. 그냥 간단히 걸치고, 집에서 한 5분 정도 떨어진 지하철 역 근처 분식집으로 향하던 중이었다.

어느 건물 입구에 세 명의 여자애들이 앉아있는 게 보였다. 입구에는 무슨 노래마당 간판이 반짝이고 있었다. 그 형형색색 네온사인 빛에서도, 이 여자애들이 화장을 떡칠하고 있는 걸 알 수가 있었다. 그때까지 아무 생각 없었다. 무슨 도우미라도 나온 여자들이려니 했다.

내가 그 앞을 지나가려는 순간, 한 아이가 불쑥 나에게 뛰쳐나와 말을 걸었다.

"아저씨, 죄송한데요, 저희가 너무 배가 고파서 그런데, 밥 사먹게 돈 좀 주실 수 없어요? 부탁 드릴게요."

쓱 훑어보았다. 얼굴은 중학생 정도나 되었을까. 거기에

꺼먼 아이라인을 콱콱 찍어 바른 상태. 여자들 화장은 잘 모르지만 자연스럽지 않다는 건 알 수 있다. 하지만 그때 가장 신경이 쓰인 건 화장이 아니었다. 더운 초여름 밤이긴 했지만, 근처에 다가오기만 했는데도 땀내가 날 정도였다. 확 더워지는 느낌. 다른 두 여자애는 멀뚱멀뚱 이쪽을 쳐다보고 있었다.

"밥을 먹겠다고?"

나는 퉁명스럽게 물었다. 바로 며칠 전에도 길거리에서 이런 여자를 만난 적이 있었다. 나이는 좀 들었지만. 이가 누렇게 변색된 여자였다. 그때도 밥 먹게 돈을 달라고 했었지. 이럴 때의 처치방법은 간단하다. 밥을 사줄 테니 식당으로 가자고 하면 오케이하는 법이 없다. 꼭 돈을 달라고 한다. 그렇겐 안된다고 하면 쉽게 떨어져 나간다.

"네… 하루종일 굶었어요. 진짜. 거짓말 아니구요. 정말 배고파서 그래요."

"돈은 안되고, 내가 먹을 걸 사주지. 그럼 되겠냐?"

뻔한 반응을 기다리고 있었는데 갑자기 여자애의 얼굴이 밝아졌다.

"진짜요? 밥 사준다고요? 그러면 고맙죠."

여자애는 환한 얼굴로 다른 두 친구를 불렀다.

"야야, 일루 와. 아저씨가 우리 밥 사주신대."

순간 당황하긴 했지만, 그것보다는 너무 가여웠다. 진짜로 밥을 못 먹었다고? 난 저녁 먹고도 배고파서 떡볶이 먹으러 가고 있었는데?

그 길로 나는 애들을 떡볶이집으로 데리고 가서 순대며 튀김이며 시켜줬다. 내 경험이 부족해서 그렇겠지만 난 여자들이 그렇게 게걸스럽게 먹는 꼴을 처음 보았다. 내 출출함은 그 모습 앞에서 싸그리 사라지고 말았다. 늘 혼자 다니던 터라, 사람 붐비는 지하철역 근처 떡볶이집에서 세 명의 여자애에게 음식을 먹이는 꼴이 어째 무안하기도 했고. 자꾸 고맙습니다 잘 먹을게요 하는 통에 얼굴이 화끈거렸다. 조용히 나 먹지.

떡볶이집 백열등 때문에 애들의 모습을 좀더 자세히 볼 수 있었다. 나한테 말을 걸었던 여자애는 원래 좀 앳돼 보이는 모양이다. 한 명은 안경을 썼는데 육덕진 몸에 얼굴이 이쁘장했다. 나머지 하나는 사자머리처럼 머리숱이 많았지만 얼굴이 갸름했다. 화장 떡칠한 건 동일하고.

다 먹었나 싶더니, 아까 말 걸었던 애가 다시 말을 꺼냈다.

"저기 근데, 저기 슬러쉬 하나 먹으면 안돼요?"

그애는 한 켠에서 부지런히 돌아가고 있는 슬러쉬통을 가리켰다.

뭔가 부자연스러웠다. 그 부자연스러움이, 결국은 내가 계속해 부딪혀야 할 장애물임을 그때는 몰랐다. 밥을 얻어먹는 상황에서 슬러쉬라니? 이것도 배고픔에 포함되는 얘긴가? 다른 애들이 툭툭 치며 그러지 말라고 했지만, 에라 어차피 사주는 건데, 그냥 고개를 끄덕이고 말았다. 고맙습니다 말을 내뱉곤 여자애는 쌩하고 슬러쉬 기계 앞으로 달려갔다.

정확하게 기억한다. 내가 낸 돈이 만삼천 원이었다. 지금도 그렇지만 그때 사실 나는 돈이 엄청 부족했다. 1일날 입금될 약간의 돈만 기다리고 있는 형편이어서, 그날 떡볶이 먹으러 나가는 것도 꽤 망설이다 나간 참이다. 경제적으로 매우 곤궁한 상태라, 한때야 하룻밤에 100만 원 써본 적도 있지만 이제는 천 원짜리 한 장도 신경쓰고 살고 있다. 슬러쉬따윈 먹어본 일도 없으며 담배와 캔커피만이 유일한 사치였다. 만삼천 원이 큰 돈은 아닌데, 그게 아까울 수밖에 없는 처지니 속이 편하지는 않았다. 난 뒤로 몇 걸음 물러나서 담배 한 대를 태웠다.

슬러쉬를 사달라고 했던 아이가, 갑자기 미소를 띠며 내가 담배 피우는 모습을 지켜보고 있다.

어라?

"저기 죄송한데요…"

"야 이 미친색히야. 그만 좀 해라. 저기 죄송합니다."

옆에 있던 사자머리와 안경이 슬러쉬 여자애의 입을 막아버렸다. 상황은 알겠다. 그래도 짐짓 물었다.

"왜 그러는 거야?"

"아뇨, 저기 저희가요, 밥을 먹으면 식후땡을 하는데, 담배 피우는 거 보니까 너무 하고 싶어서…"

슬러쉬 여자애가 냉큼 말을 받았다. 그럼 그렇지.

담배, 그냥 줘버렸다. 어차피 내가 안 준다고 담배 끊을 애들도 아니겠지. 담배 못 피우는 고통을 흡연자가 몰라주면 누가 알아줄까. 이때쯤엔 이 애들이 미성년자겠거니 생각은 들었지만, 내가 확인한 것도 아니고, 그냥 줬다.

애들은 근처 주차장 뒷골목으로 들어가 담배를 맛있게 피웠다. 사정을 물으니, 애들은 고시원에서 살다가 쫓겨났다고 했다. 이유도 없이 그냥 쫓겨났다고만 되풀이했다. 여러 군데 연락을 해보다가 안되고 결국은 이 근처 사는 친구 집에 무작정 찾아왔는데, 그마저도 연락이 되지 않았다고 했다.

"집은?"

"다 나온지 오래됐어요. 셋이서 같이 있은 건 한달쯤?"

"그러면 어떻게 하려고? 돌아가야지?"

"고시원은 쫓겨났는데… 뭐 어떻게 할지 모르겠어요."

이 아이들이 말로만 듣던 가출청소년, 집 없는 소녀들이란 걸 그때서야 알게 됐다. 눈치가 없다면 없는 거겠지만. 난 이런 아이들을 접해본 적이 없었다. 이건희의 마이바흐가 딴 세상 얘기듯이, 집도 없이 떠도는 애들도 내가 경험하는 세계에는 '실제로' 존재하지 않았었다.

순간적으로 난 이 잘 곳 없는 애들에게 방을 내줄 생각을 했다. 내 집은 거실 겸 주방, 그리고 방으로 나뉘어져 있다. 누추하지만 공간상 세 명 재워주는 데는 어려움이 없다. 잘 곳 없다니 그냥 도와줄까.

아이들이 가여웠던 건 사실이지만, 좀 두렵기도 했다. 당한 적은 없지만 이런 애들이 지갑 털어 도망쳤다는 얘기는 들어봤다. 하지만 그건 걱정거리가 못 된다. 내 지갑을 털어봤자 털릴 것도 없으니까. 그렇지만 여전히 두려웠다.

마음 한 구석에 음흉한 생각이 있다는 걸 모르는 바 아니다. 그걸 통제하는 건 어렵지 않다. 혼자 사는 생활이 10년이 넘고 돈까지 없으면, 꼭 손장난 아니더라도 마음 다스리는 법을 배우게 된다. 그리고 이즈음, 난 나름 정신수양을 하면서 헛된 마음 씀씀이를 다스리고 있었다. 꽤 효과를 본 터였다. '내가 바뀌면 세상이 바뀐다'는 말이 헛소리가 아니라는 걸 여러 차례 체감하기도 했다. 사실 그 체감 사건 중 하나가, 길거리에서 나에게 도움을 청하는 사람이 많아졌다는 것이었다. 그전까진 그런 일이 정말 드물었다. 그래서 나 스스로의 통제는 그렇게 큰 문제가 아니었다.

하지만, 내가 뭐길래 이 애들을 돕는단 말인가? 선의의 행동이 결코 선의의 보답으로 이어지지 않는다는 사실, 잘 알고 있다. 아무런 보답도 없고 심지어 피해가 올 수도 있는데 나는 이 애들을 도와야 하나? 내 하루 먹을 것도 편하지 않은 마당에 무슨 여유가 있어 남 도울 마음을 낸단 말인가.

… 어쨌든 난 돕기로 작정하고 말을 꺼냈다. 말 그대로 '어쨌든'이다. 결과가 어떻게 될지는 모른다. 난 지금 애들을 돕고 싶다. 잠이 필요한 애들에게 방을 주자, 그거 말고 고민하지 말자.

그래서 내가 먼저 제안을 했다. 괜찮다면 내 방에서 자라고. 정말로 피곤했던 애들은 기뻐하며 집으로 따라왔다. 그게 시작이었다. 아이들은 다음날 오후까지 죽은 듯이 잠을 잤다.

아이들을 먼저 소개하자. 내게 말을 걸었던 앳된 여자애는 유미, 사자머리는 은비, 육덕지고 이쁘장한 아이가 나영이다. 물론 가명이다. 모두 18세, 학교를 다닌다면 고1이다.

나는 아이들의 말을 어디까지 믿어야 할지 알 수 없었다. 온통 거짓말일지도 모른다. 하지만 일단 믿고서 들어보자면, 아이들은 집에 돌아갈 생각이 전혀 없었다. 유미와 나영이는 부모가 이혼하고 다시 재혼하면서 집이 풍비박산난 경우였다. 새엄마와 새아빠가 그들을 별로 반기지 않았던 탓에 눈치밥 먹기 싫어서 집을 나왔다고 했다. 은비 역시 새아빠가 있었지만, 그애의 문제는 친엄마였다. 친엄마는 어렸을 적부터 자기 앞에서 술을 마시고 주정을 부렸다고 했다. 그러면서 팔꿈치에 난 흉터를 보여주었는데, 아주 어릴 적 엄마가 술에 취해 식칼을 발로 차서 생긴 것이라고 설명했다.

물론 그것이 이유의 전부는 아니리라 생각한다. 그 얘기들은 집에 들어가기 싫다는 핑계이지, 자신들이 비뚤어진 원인은 아니다. 아이들은 6학년 때부터 담배를 피웠다. 은비와 나영이는 중학교를 중퇴했고 유미는 중졸이다. 이미 공부에 담 쌓은 지는 오래됐다. 그게 오직 가정환경 때문이라고 단정할 이유는 없을 게다. 굳이 착실한 소년소녀가장의 사례를 들먹이지 않더라도.

아이들은 깨어난 후, 땀내와 발냄새가 온집을 뒤흔드는 마당에도 도대체 씻으려고 들지 않았다. 처음엔 그러려니 했지만, 며칠 되지 않아 아이들이 하루가 멀다하고 샤워를 해대는 꼴을 보곤 짐작할 수 있었다. 아이들도 나를 경계했던 거다. 당연하다. 자신들에게 잠자리를 제공하는 남자라면 뻔한 것 아닌가.

아이들이 내게 대놓고 무슨 말을 하진 않았지만, 주의력이 산만한 탓인지 애들이라면 으레 그래서인지, 저희들끼리 쑥덕이는 말을 통해서도 지금까지의 환경은 추측할 수 있었다. 아이들은 시간만 있으면 컴퓨터를 쓰게 해달라고 조르며 싸이월드와 네이트온 메신저에 접속했다. 누가 접속하고 누가 무슨 말을 남길 때마다 아이들은 '뒷담마'를 까댔다. 시간이 흐르면서 정말 생각도 못한 단어들이 여자애들 입에서 나왔다.

"야 그 새끼 만나지 마."

"왜?"

"그 새끼 *** 친구잖아. 존나 재수 없어. *** 몰라? 저번에 그 오빠가 나 잘 때 강간했어."

"어 진짜? 몰랐어. 씨발 개새끼네?"

"그니까."

“존나 개새끼.”

또는 이런 식.
“빵? 빵이라고?”
“뭐야 미친색히. 뭘 쳐듣고 빵이라는 거야. 그런 말 하지도 않았는데.”
“아 미안… 아니야? 난 그렇게 들어가지고… 아씨 나 독산동 있을 때 있자나. 그때 씨발 돌림빵 당했자나. 존나. 빵 그러면 자꾸 돌림빵 얘기 같애.”
“미친색히, 빵이 그 빵이냐.”

또는 이런 식.
“… 오빠가 자꾸 사귀자는 거야. 그러면서 자자구. 그래서 내가, 사귀는 건 좋은데, 일주일만 참으라구, 사귀자마자 난 안 잔다고. 그러니까 씨발 사귀면 자는 거 아니냐구 그게 당연하다구, 존나 그래싸는 거야. 아니 그래서 잤는데 좀 있다 ✳✳✳ 그년한테 존나 집적대고. 그년한테 나 걸레라구 그랬다는 거야 개새끼. 그년 싸이 들어가보니까 나보고 걸레년이래. 존나 내 이름 써놓고 걸레년 이래놨어. 그래서 씨발 존나 욕하구 씨발 니가 나 아냐구 그랬는데 그새끼가 그년 편드는 거야. 나보고 쓰레기래. 씨발 내가 그년 욕한 게 잘못한 거

22

야? 나 그년 만나서 확 팰까?"

이런 얘기들이 무슨 TV 드라마 얘기하듯 아무렇지 않게 오고 가고 있는 상황이었다. 나는 내가 경험해 온 이 세상이 추악하고 병들었다 생각하고 있었지만, 아이들의 생활과 비교하면 진실로 성스럽고 때묻지 않은 느낌마저 받았다.

남자들이 별의별 육두문자와 야담에 익숙해져 있긴 하다. 하지만 적어도 나는, 그건 언어유희와 조크였지 실제로 여자들을 함부로 대한 적은 없었고 주변 인물 또한 그랬다. 현실적으로는 인생에서 씻어버릴 수 없는 참담한 경험을 용기내어 토로하는 경우나, '그런 위험들이 있다' 고 간접적으로 비판하는 여성주의자들의 구호 속에서 그 사실들은 존재했을 뿐이다. 나의 태도가 소위 '먹물' 에 속함을 알고 있었지만, 진짜로는 전혀 깨닫지 못했다는 걸 나는 아이들의 말을 듣고서야 깨달았다.

그러니 남자를 경계하는 건, 무슨 머리 속의 관념이 아니라 이 아이들에겐 생활이었다. 어쩌면 지금까지 겪은 모든 남자는 보호자가 아니라 자신을 괴롭히는 대상이었을지도 모르겠다, 그런 생각이 들었다. 보호가 필요하다? 그런 도덕적 의무가 내게 생겨난 건 당연한 일이다.

하지만 그건 오래가지 않았다. 그러니까, 난 여전히 현실을 몰랐던 거다.

　이미 설명했다시피 나는 돈이 부족했다. 밥을 사줄 수가 없다. 다행히 쌀과 김치는 제법 충분했다. 나는 마트에 가서 재료를 사다가 요리를 해주었다. 첫날 아침은 돼지고기를 넣은 김치찌개와 계란찜이었다. 자랑하는 건 아니지만, 난 제법 음식을 할 줄 안다. 밑반찬은 힘들지만 주요리는 질리지 않게 1주일 식단을 짤 수 있다. 직접 요리하는 수고를 들인다면 빠듯하나마 식사는 해결할 수 있었다.

　아이들은 사흘 동안만 있게 해달라고 했다. 아는 오빠가 있는데 고시원이랑 아르바이트를 잡아주겠다고 했다면서, 사흘만 도와달라고 부탁을 했다. 그 '도움'의 의미를 그때는 제대로 몰랐다.

　나는 주말에 일을 한다. 주중에는 대개 집에 있으면서 주말 일을 준비한다. 사흘쯤이라면 어렵진 않았다. 대신 남의 눈이 있으니, TV나 실컷 보고 함부로 밖에 돌아다니지 말라고 했다. 책장엔 소설책도 제법 꽂혀 있었지만 그걸 들추는 애는 아무도 없었다. 아이들을 무시하는 게 아니라 그냥 사실만 얘기하는 거다. 아이들은 이 글을 찾아내더라도 읽지 않을 것이다. 가령 '관념' 같은 말이 무슨 뜻인지 아이들은 모르기 때문이다. 그냥 사실이 그렇다.

이틀 동안 아이들은 TV와 컴퓨터랑 놀았다. 나랑은 그다지 말을 섞지 않았다. 대화를 하긴 했는데, 나중에 알고 보니 무슨 말인지 몰랐다고 했다. 먹물 기운이 가시지 않은 탓이겠지.

사흘째 밤이었다. 나는 이틀 동안 거실에서 잤는데, 계속해서 아이들이 방문을 쾅쾅 여닫고, 아래층에 들리도록 발소리를 쿵쿵 울려대며, 시도 때도 없이 화장실에 들락거리다 급기야 연속해서 샤워를 해대는 통에 화가 머리끝까지 났다. 안 그래도 냉장고 소리에 신경이 거슬렸던 터였다. 잠들만 하면 느닷없이 소리가 나니 도대체 잠을 잘 수가 없었다.

나는 방안에 들어가서, 내가 방을 내준 것도 모자라 잠까지 설치니 왜 이래야 되는지 모르겠다고 짜증을 냈다. 그리곤 방 구석에 이부자리를 펴고, 내 방에서 내가 잘 테니 알아서 하라고 쏘아붙였다. 아이들은 잠시 조용해졌다. 그러더니 한 명은 TV를 켜서 애니메이션을 틀고, 한 명은 싸이월드에 접속해 노래를 울려대기 시작했다. 미친 거 아냐.

"아 씨바 조용히 좀 하라고!"

호된 어조로 쏘아붙이곤 난 이불을 뒤집어 썼다. 아이들이 거실로 나가지 않으면 결국 혼숙이 되는 셈. 하지만 이 마당에 내가 다시 주섬주섬 나갈 순 없었다.

그렇게 있다 깜박 잠이 든 것 같다. 아이들이 등을 켜는 통에 다시 깼지만, 가만히 눈감고 있었다. 한참 부스럭거리며 속닥속닥 얘기를 하더니, 가만히 현관 여는 소리가 났다.

뭐야, 나가는 건가?

하지만 다 나간 게 아니었다. 대화하는 소리로 짐작하면 은비와 유미가 남아있고, 나영이가 나갔다. 아마 새벽 3시는 넘었을 시각이다.

얼마 후 신발 소리가 다시 들렸다. 나영이가 돌아온 거다. 내가 잠들었을 거라 생각한 아이들의 목소리가 좀 커졌다.

"…뭐야, 벌써? 어떻게 됐어?"

"20만 원 받았어. 20분만에 싸더라고."

아, 이런 젠장.

한참 동안 잠을 못 이루었다. 내가 이 애들을 재워줌으로써 오해를 살 수도 있지만, 말 그대로 그건 오해일 뿐, 내 자신이 떳떳하기 때문에 양심에 거리낄 일이 없었다. 난 좋은 일을 하고 있다고 위안할 수 있었다. 공부도 해야 하고 계획도 세워야 되며, 그러려면 청소년 쉼터든 집이든 들어가서 견디는 게 필요하다고 훈계 비스무리한 것도 했다. 밥 먹다

체할지 모르지만 그런 얘기를 안하는 것도 내겐 부자연스러
웠다. 당장 청소년 기관에 연락해 인계하지 않은 게 잘못이
라면 잘못인데, 내 판단으론 지금 이 애들은 그래봤자 다시
도망나올테니, 최소한 며칠만이라도 편하게 먹고 자게 해주
자고 생각했었다. 강간과 돌림빵이 자기 인생에서 어떤 괴로
움으로 남게 될지를 모르는 아이들이다. 며칠 동안이라도 그
걱정을 안할 수 있다면 나름 보람있는 일이라고 생각했었다.

그런데 원조교제라니.

그럼 저것들을 먹이고 재워준 난, 결국 포주가 되는 건가?
세상에, 난 아니란 말을 누가 믿어줄까?

너무나 화가 났다. 자신들이 그런 짓을 함으로써, 내가 어
떤 꼴이 될지를 정녕 생각도 안해봤단 말인가. 내 앞에서 보
인 남자 경계하는 태도는 다 가식이었단 말인가. 강간과 돌
림빵에서 내가 느낀 처연함은 여전히 '먹물'의 인식이었을
뿐, 사실은 그래도 싼 걸레년들이었던 것인가. 그러면 나에
게 도와달라고 했던 말도, 그저 당시의 고통을 피하고 싶었
을 뿐, 떠도는 상황 자체를 마감하고 싶다는 따위와는 아무
관계가 없었던 것이다.

보람이라니, 웃기는 소리였다. 순수하게 도와준 사람을 물
먹이는 이런 아이들에게 보호란 말은 어울리기나 하나.

어떻게든 진정하고 싶었지만, 아침에 일어나서도 화는 멈

추지 않았다. 당장 쫓아내는 게 맞는 일이다, 줄곧 그런 결론 밖에 나오지 않았다. 사실 화는 아이들이 들어온 첫날부터 나 있었다. 뒤에 말하겠지만 여러 생활습관들 때문이다. 혼자 오래 살다보면 개인의 스타일을 침해받는 일이 드물고, 그래서 하다못해 수건 하나 쓰는 것도 켕기게 된다. 하지만 이날의 문제는 그렇게 간단하지 않았다.

그래도, 그래도, 나는 어른. 이 아이들은 미성년자다. 똑같이 행동해선 안된다.

분명히 나는 먹물에 속한다. 아이들에 비하면 몇 백 배는 먹물이다. 배운 놈이 못배운 놈처럼 살 순 없다고, 그 하나의 자존심으로 나는 가난을 자청했다. 인생을 고통스럽게 만든 건 돈이 아니었다. 돈과 욕심 때문에 자존심을 팔고 도덕을 외면할 때마다 이 삶이 망가졌다는 걸 깨달았다. 그게 분명하지 않았다면 아이들을 데려올 마음도 나지 않았을 것이다. 그때 생각했었지 않나. 어떤 결과든 감내해 보겠다고. 최소한 '화를 내며' 쫓아내선 안된다고 겨우 겨우 다짐을 했다.

그날은 금요일이었다. 나는 볼일이 있어 나가야 했다. 아침을 먹을 시간도 없었지만, 해주기도 싫었다. 전기밥솥 쓰는 법은 미리 가르쳐주었고, 아침에 나간다는 얘기도 해두었다. 새벽까지 깨어있던 아이들은 아침에 일어날 생각을 하지 않았다. 나는 그냥 밖으로 나갔다.

점심때쯤 전화가 왔다.

“치킨 시켜 먹으려고 하는데 여기 주소가 어떻게 돼요?”

나는 돈을 준 적이 없다. 떡볶이를 사준 그날부터 쭉. 치킨
시켜 먹을 돈이 어디서 났는지 궁금해하리란 생각도 못하는
게다. 바보들. 문자로 그냥 주소만 써서 보냈다.

오후에 집으로 돌아와보니 문은 열린 채 아이들은 아무도
없고, 치킨 봉지가 널브러져 있다. 만육천 원짜리 양념치킨
한 조각이 먹지도 않고 식어 있다. 방바닥에는 양념 조각이
몇 개 떨어져 있고 기름 문지른 흔적도 남았다. 짐은 그대로
였다.

문을 열어놓고 나가다니, 제정신인가. 아무리 사람 통행이
뜸한 골목이고 5층이라곤 하지만, 자기 집 아니라고 이래도
되는 건가. 안 그래도 화가 나 있던 판에 더욱 마음이 굳어졌
다. 딱딱한 음성으로 통화를 했다. 근처에 있단다.

아이들은 곧 돌아왔다. 나는 칼칼한 목소리로 말했다.

“문 열어놓고 어디 갔던 거야?”

“… 더워서 잠깐 나갔다 왔어요.”

주눅든 목소리의 아이들 손에는 슬러쉬가 한 컵씩 들려져
있었다.

그리고 캔커피 하나가 있었다. 내가 유일한 사치로 즐기고 있던 캔커피. 혼자 마시기가 좀 그래서 아이들에게도 사주었지만 그리 내켜 하지 않았던 캔커피다. 아이들은 캔커피를 냉장고에 넣었다.

… 어리석고 천진난만한 아이들. 잔꾀와 순진함. 원조교제와 캔커피. 뭐라고 말을 해야 한단 말인가.

남 일이라면, 숱한 근거를 들어 이러저러한 판단을 해줄 수 있다. 별일 아니다, 너무 마음이 나약하다, 그 돈으로 산 커피 먹고 마음이 편하겠냐고 생각할 수 있다. 나는 하지만 지금도 모르겠다. 이성적 판단은 힘을 잃었다. 남의 배려가 조금이라도 전해진 그때엔. 교활하게 남을 이용해먹고, 저희들이 뭘 하고 있는지 판단도 못하는 어리석은 것들. 나는 이미 그렇게 결정을 내리고 화를 꾹꾹 누르는 상태로 아이들을 맞았었다.

하지만 그 캔커피, 자기들은 마시지 않는 캔커피.

문 단속을 안했다고 나는 아이들에게 잔소리를 했다. 애들은 입이 쑥 들어가서 조용히 모여 앉았다. 하지만 아이들은 내 심정을 몰랐을 게다.

"말씀 다 끝나신 거죠? 그럼 인제 컴퓨터 해도 돼요?"

나영이가 엉덩이를 들며 말했다.

그때 나는 어머니가 무척 보고 싶었다. 그리고 아이들과의
생활은 조금 더 지속되었다.

잘되기를 바란다면

단지 사흘만 있겠다고 했고, 일요일이 되면 그 나흘째가
되니까 하루만 더 참자고 생각은 했다. 하지만 그날 순순히
나갈 것인지는 미심쩍었다.

원조교제 짓은 논외로 쳐두자. 만약 잠시 도움을 바란 거
라면, 아이들은 이 집에 있는 동안 새 보금자리와 아르바이
트를 구하기 위해 이리저리 연락을 돌렸어야 한다. 이 동네
에도 고시원과 패스트푸드점이 있다. 여기는 얼마인지 저기
는 얼마 준다든지 돌아다녀도 보고, 하다못해 길거리 벼룩시
장 전단지라도 가져와 찾아봐야 했다.

그러나 그런 모습은 전혀 본 적이 없다. 아이들은 그저 싸
이월드와 네이트온에 빠져 있었다. 그리고 유심히 컴퓨터에
새로 깔린 프로그램을 뒤져보니 버디버디 메신저가 있었다.
구직 사이트 따위는 들어가 본 흔적이 없다. 과연 '아는 오
빠'가 어떤 사람이길래 그런 수고를 해준단 말인가. 설사 그
렇다고 해도, 내 눈에 아이들의 무신경함이 기분 좋을 리 없

었다.

　그런 생각이 들었다. 큰 돈을 벌 수 있는 상황이 가능하다면, 지금의 고통은 비현실이 된다. 예전 나도 월급 들어오는 날 생각하면서 함부로 돈을 쓰고 카드를 긋지 않았던가. 다음날이면 턱없이 돈을 뿌린 전날 밤의 무모함이 후회됐고, 한달 동안 최고급으로 먹어대도 술값에는 비교가 안된다는 계산도 했지만, 곧 입금될 돈을 기다리며 다시 흥청망청 쓸 일에 골몰하지 않았나.

　아이들도 다르지 않다. 언제든 원조교제 따위로 몇 십만 원을 벌 수 있다면, 시급 몇 천 원을 갖고 고민하는 게 웃기는 짓이 된다. 지금의 고통은 언제든지 만회할 수 있다―그 생각이 자신을 얼마나 좀먹고 파괴하는지 깨닫는 데엔 오랜 시간이 필요할지 모른다. 나처럼.

　떠도는 생활로부터 진정 탈출하기 위해서는, 자신의 삶을 어떻게 꾸릴 것이라는 계획과 동기 부여가 있어야 한다. 밖에서 아무리 소리를 질러봤자 듣지 못한다. 내가 알기론, 그러기 위해선 두 가지 중 하나는 필요하다.

　하나는 지식. 이 세상이 어떻게 돌아가는지 깨달으려면 최소한의 배움이 있어야 한다. 불행히도 아이들은 배우지 못했다.

　"나중에 뭘 하고 살 생각이냐? 계속 이렇게 살 순 없잖아?"

　아주 꼰대 같은 소리를 나도 아이들에게 했었다. 유미는
그때 이렇게 대답했다.
　"저는요, 검정고시 볼 거구요. 미용기술 배울 거에요. 아는
언니가 가게 넣어준다고 했어요."

　또 '아는' 누군가. 내 경험으론, 아는 누군가가 해준 일은
그만큼의 대가를 치러야 한다. 뭐 운이 좋을 수 있다고 치자.
고교 검정고시는 장난인줄 아나. 검정고시가 이렇게 손놓고
있다가 후다닥 치를 수 있는 시험인가. 미용기술은 또 어떤
가. 대학 포기한 여자애들 대부분이 장래 희망에 미용사랑
현모양처 써놓는 건 모르겠지. 대학 나온 미용사도 부지기수
인데.
　"아니에요, 저 손기술 좋대요. 애들 머리도 제가 잘라줬어
요. 이쁘죠? 그죠?"

　유미만 그러는 게 아니다. 은비는 네일아트를 하고 싶다고
했다. 네일아트… 미용실과 네일아트, 레드오션 중의 레드오
션들. 강남 가면 물론 좋은 가게도 있고 잘 버는 언니들도 있
겠지. 하지만 그거랑 '공부가 제일 쉬웠어요' 라고 하는 녀석

하고 다를 게 뭐냐.

"저는요, 개그맨이 될 거에요. 남들이 그러는데, 저 웃기대요."

이건 나영이의 말이었다. 개그맨 되는 길이 어떤 게 있는지 꼬치꼬치 설명해줬지만, 결론은 같다. 아이들은 내가 왜 그런 말들을 하는지, 그게 정말이어서 좀더 고민을 해야 하는지 아무 생각이 없었다. 본질적으로 '난 커서 대통령이 될 거에요'란 아이의 마음과 똑같다. 천진난만하고 무식하다.

동기 부여를 위한 또 하나의 방법은 고통이다. 막다른 길에 몰리고 아무런 희망이 보이지 않을 때, 죽고 싶다는 생각이 머리를 지배할 때가 삶의 시작이다. 거기까지 자신을 몰고 간 원인은 중요치 않다. 돈, 사람, 명예, 도덕 무엇이든 그럴 수 있다.

아이들은 아직 충분한 고통을 겪지 못했다. 그러라고 떼밀수도 없다. 그런 고통을 견뎌내기 힘드니까 미성년자라고 하는 건데. 하지만 원조교제와 조건만남에 돈을 써주는 사람들이 있는 한, 아이들은 결코 막다른 길에 몰리지 않는다. 아니면 술집 아가씨라도 하면 된다. 유미는 이미 도우미 경험이 있다고 했다. 하지만 금방 때려치웠단다.

"술 먹기도 싫구요, 아저씨들이 몸 더듬는 것도 싫어서요."

그 소위 '고소득 직종' 도, 아이들에게는 일종의 고통이었다. 다른 돈벌이가 가능하다면, 술집이든 패스트푸드점이든 그만두긴 어렵지 않다. 이런 상태에서, 아이들이 고통을 겪으며 뭔갈 배워나가기를 기대하긴 힘들다.

길이 없다.

그래도 아이들이 잘되기를 바란다면, 대체 무엇을 할 수 있는가?

아이들은 쫓아내면 된다. 그럼 나는 더 이상 고민할 필요가 없다. 그러나 이 질문의 답은 찾아야만 했다. 오기 같은 것도 있었다. 만약 이 질문에 대답하지 못한다면, 요 사흘 동안 나는 완전 바보짓을 한 셈이다. 똥을 집안에 들였다면, 답은 치우는 것뿐이겠지. 하지만 나는 아이들을 똥이라고 생각하진 않았다. 죄는 미워도 사람은 미워하지 말라더니, 난 그 말을 실제로 체험할 줄 몰랐다.

사실 난 아이들이 저지른 꼬락서니들이 너무 미웠다. 아이들이 들어온 둘째 날, 유미와 나영이는 배가 고프다며 라면을 사러 밖에 나갔다. 난 어설프게 잠이 들어 있다가, 냄비 타는 냄새에 벌떡 일어났다. 두 녀석이 냄비를 가스불에 올려놓고 나갔던 것이다. 물은 부글부글 끓다가 졸기 시작했고 냄비에선 쇠 타는 냄새가 나고 있었다. 황급히 가스불을 끄는데 아이들이 들어왔다. 냅다 소리를 질렀다.

“야, 냄비를 불에 올려놓고 나가면 어떡해? 물 끓는 시간
도 못 기다려?”

“아뇨, 저기, 편의점에 갔는데 라면이 없는 거에요… 딴 편
의점 찾다가 오래 걸려서 그래요.”

유미가 변명했다. 편의점에 라면이 없다고? 네가 찾는 라
면이 없었겠지. 하지만 그보다 기막힌 건 이 사고의 원인을
‘편의점’에 돌리는, 어이없는 무책임함이었다. 온갖 변명을
대며 자기는 죄가 없다고 발뺌하고, 단 한마디의 ‘죄송합니
다’ 보다는 핑계가 앞서는 무책임함.

다음날에는 스스로 밥을 하겠다고 나섰는데, 내가 밥솥에
새겨진 눈금과 쌀의 양을 가르쳐줄 때엔 ‘자길 바보로 아느
냐’ 며 핀잔을 주고선, 끝내 설은 밥을 짓고 말았다. 그리곤
다시 저녁에 라면을 찾았다. 설은 밥을 먹으면 소화가 안된
다고.

야, 그럼 그 밥은 누가 먹는데? 니가 그 쌀 사왔냐?

욕지거리가 목구멍까지 올라온 걸 참았다. 결국 내가 두
끼에 걸쳐 다 먹었다.

가장 내가 싫어했고 끝까지 고치지 않았던 일은 침뱉기였
다. 특히 유미는, 담배를 필 때면 가래를 뱃속 깊은 곳부터
끌어올려 ‘캬아아아~악 퉷’ 소리를 내야만 직성이 풀리는

아이였다. 도저히 듣기가 싫어서, 화장실에 들어가든지 소리를 안내든지 하라고 언성을 높이고야 말았다. 그래도 유미는 내가 보이지 않을 때면, 사실 바로 옆 방에 있었지만, 여전히 '캬아아아~악 퉷' 소리를 울려댔다.

피자랑 치킨은 또 어땠나. 돈이 좀 입금되고 나선, 애들은 역시 밥보다도 피자며 치킨 좋아하겠다는 생각에 피자 두 판을 사왔다. 그때도 유미는 피자 끝부분 빵을 안 먹는다며 떼어놓았다. 나중에 치킨 사왔을 때 나영이는 후라이드는 먹지 않는다고 했고, 가슴살은 또 퍽퍽해서 안 먹는다고 버렸다.

카레를 했을 땐 당근을 남겼다. 바디클렌저 두 통을 1주일 만에 비워버렸다. 수건 여덟 장이 방바닥에 흩어져 있다. 귀 파고 난 면봉 몇 개도 거기에 있었다. 변기 뚜껑은 나사가 빠졌다. 재떨이에는 침이 흥건하고 주위 바닥엔 담뱃재가 검게 흩뿌려져 있다. 아웃사이더 '외톨이'는 백 번 넘게 들었다.

정말 싫었다. 뭘 발견할 때마다 난 빗자루와 걸레를 들고 치웠다. 평소라면 1주일 동안 가만히 있어도 상관없었을 집이었다.

하지만 내가 정말 뼈저리게 느낀 건 아이들의 철없음보다는, 내가 지독하게 속좁은 인간이란 사실이었다. 어지럽혀진 수건, 방, 화장실… 감정이 너무 급작스럽게 치솟곤 했다. 그럴 때 종종 나는, 가만히 앉아서 30분 동안 마음을 가라앉히곤 했다. 나는 왜 화가 나는가? 이 감정을 없애고 나면 무엇이 남는가?

그 끝에는 늘, 이 조그만 집을 온통 나 자신으로 채우고 있다는 사실이 있었다. 홀로 있은지 10년도 훨씬 넘었다. 남이 내 공간을 어지럽힌 적이 없다. 남이 내 생각과 다른 일을 벌인 적도 없다. 거기에서 온 안락감이 방해받았을 때, 나 또한 그 이유를 밖에서 찾았고 그래서 화가 났던 것이다. 난 피해자고, 아이들은 가해자란 생각.

하지만 이 집에 아이들을 들인 건 나다. 아이들은 이러이러할 거라고 내 관점을 애들에게 덮어 씌웠던 거다. 이렇게 하면 아이들에게 도움을 줄 수 있을 거라는 생각 자체가 '나의 관점'이다. 이렇게 하면 아이들이 좋아할 거라는 생각도 나의 망상이다. 그렇게 이미 선입견이 있는 상태에서, 일이 맘대로 안 되니까 화가 났던 것이다. 아이들이 엉엉 울면서 '이제 집으로 돌아갈게요'라 말하길 바랬나. 앞으로 성실하게 살겠다고 다짐이라도 하길 바랬나. 그래, 그렇기도 했구나.

아이들은 죄가 없다. 내가 거기에 끼겠다고 한 게 잘못일 뿐. 화가 난 건 전부 내 탓이다.

아이들이 이 집에서 하는 짓은 참아낼 수 있다. 하지만 밖에서 그렇게 돈을 받아온다면, 그건 범죄행위며 무엇보다 나 자신이 용납할 수 없다. 그러면 청소년 센터에라도 연락해서 맡기는 수밖에. 그런데 이게 정말 내가 할 수 있는 최선일까.

일단 더 이상 원조교제를 할만한 환경을 만들어놓을 순 없었다. 나는 방안 컴퓨터 옆에 아예 이부자리를 폈다. 그리고 컴퓨터를 켜지 말라고 했다. 혼숙? 이 상황을 속속들이 알지 못하는 사람이라면, 내가 거실에서 잔다고 해도 어차피 믿지 않겠지. 새벽에 컴퓨터를 못 쓰게 하면 될 뿐이다. 당장엔 이게 최선이다.

토요일 아침, 나는 밥을 먹은 후 아이들을 불러 모았다.

"너희가 어제 치킨 시켜먹은 돈은 어디서 난 거지?"

조용한 가운데 유미가 말을 꺼냈다.

"친구한테 빌렸어요."

"친구? 무슨 친구가 얼마나 빌려줬길래?"

"여기 근처 친구가 있다고 했잖아요. 걔한테 5만 원 빌렸어요."

"… 빌렸다고 치자. 뭐하겠다고 하면서 빌린 거야? 내 생각으론, 그걸로 치킨 사먹는 게 아무래도 이해가 안가. 빌린 돈이라면 그걸 아끼는 게 맞지 않니? 고시원을 잡겠다고 하면, 방값은 어떻게 할 건데."

"우리 친구들끼리는 그래요. 서로 돈 빌려준다고요. 우리도 돈 빌려준 적 있구요. 그냥 주는 거에요. 고시원 쪽도 그 오빠가 알아봐주겠다고 했어요. 진짜 믿을 만한 오빠에요.
진짜루."

그러다 잠시 뜸을 들이더니 말했다.
"그래서 말인데요, 그 오빠가 내일까진 좀 어렵다고 하거
든요, 한 일주일만 더 있으면 안될까요?"
"뭐?"
"제발 부탁할게요. 저희한테 잘해줘서 너무 고마운데요,
솔직히 저희, 딴 데서 이렇게 먹고 잘 수가 없어요. 처음 왔
을 때 봤잖아요, 진짜 편하게 잤거든요. 그치 애들아? (끄덕
끄덕) 진짜로, 아무데서도 이렇게 못 자요. 컴퓨터도 안 쓰고
테레비도 끄라면 끄구 청소도 바로바로 할게요. 네? 제발 좀
봐주세요 네?"
"솔직히…"

말이 안 나왔다. 대놓고 할 수가 없었다.
"… 난 너네가 원조교제를 한다고 강하게 의심하고 있어."
"네? 뭐를요?"
"원조교제 말야. 알잖아."
"아…"

유미가 힐끗힐끗 애들 얼굴을 봤다. 은비는 시선을 피하고 있었고, 나영이는 멀뚱멀뚱한 얼굴이었다.

"아네요. 저희 그런 거 안 해요. 그치?"

"예 저희 그런 거 안 해요."

나영이가 거들었다. 유미가 계속 말을 이어갔다.

"저희 돈 때문에 그렇게 생각하시는 건 알겠는데요, 진짜루, 저희 그런 거 안 해요. 정말 친구한테 빌린 거에요."

"예 진짜에요."

"그런데 자꾸 그렇게 말씀하시면, 너희 나가라, 그럴려고 말하시는 거 같아요."

"아니야. 너희 빨리 내쫓고 싶어서 이러는 게 아니야."

사실은 사실이다. 내쫓고 싶어서 일부러 그런 말을 한 건 아니다.

"처음에 너네 만났을 때, 먹지도 못하고 잘데 없다 그래서 그냥 도와줬었어. 그런데 지금까지 보면 알겠지. 자꾸 내가 화를 내게 돼. 너네가 잘못한 거도 있고, 내가 속 좁아서 그런 것도 있어. 난 내가 이러는 게 싫어. 그리고 결정적으로 돈이 별로 없어. 밥해 먹이는 것도 장난 아니야. 하지만 내가 돈이 많아서 좋은 거 먹이고 하면 그게 도와주는 걸까? 내가

조금씩 익숙해져서 화가 안 나면 되는 걸까? 유미 니가 그랬
지, 도와달라고. 한번 말해봐. 내가 어떻게 하는 게 너희를
도와주는 거니? 너희가 정말 바라는 게 뭐니? 어떻게 하면
진짜 도와줄 수 있는 거니?”

지금 생각해보면, 그 답을 조금은 알고 있었던 것 같다. 하
지만 그땐 참 막막했다.
“진짜 도와주는 게 뭐냐구요?”
“그래.”
“그럼 저희 며칠 더 있게 해주세요. 그게 도와주시는 거에
요.”

유미가 웃으며 그렇게 말했다. 다른 애들은 웃지 않았다.
아이들에게 그랬다. 만 19세, 최소한 성년이 되면 아르바
이트든 뭐든 할 수 있다고. 지금으로선 어떤 일을 하든 고시
원 방값도 벌기 힘들고, 그것도 돈을 제대로 받았을 때의 이
야기라고. 더군다나 조금만 힘들어도 그냥 뛰쳐 나가버리는
아이들의 성격을 감안하면, 솔직히 오래 일할 것 같지도 않
다. 아이들 얘기로도 이미 주유소며 식당 서빙 같은 일을 해
보았지만, 일주일을 넘기지 못했다고 했다.
“… 그럼 그때까지 어디서든 견뎌야 돼. 집에서든, 쉼터 같

은 데서든 남은 2년을 버텨야 된다고. 그렇지 않으면 돈도 못 벌고, 니네들이 안했다고 그러는 그 원조교제 하든지, 아니면 술집 들어가는 게 뻔하단 말이야. 너네도 그러기 싫잖아? 정말 필요한 거라면 너네 도와줄 데는 있어. 내가 어른으로서 말하는데, 정말 도움이 필요할 땐 도움 받을 데가 있다고.”

“쉼터는 가봤어요.”

가만히 있던 은비가 입을 열었다.

“갔었다고?”

“네. 애들 다 가봤어요.”

“그런데 왜 나왔어?”

“물들까봐요.”

“물들다니?”

“쉼터에 원래 있는 애들 있어요. 우리보다 더해요. 술집 다니고 조건 하러 다니던 애들이 있거든요. 우리 가면 맨날 꼬셔요. 그게 싫은데요, 있다 보면 자꾸 물이 들어요. 걔네들 돈 막 쓰거든요. 옷도 사고. 그리고 어차피 오래 못 있어요. 한 일주일 있으면 나가야 돼요. 들어올라고 하는 애들 줄서 있거든요. 그래서 인젠 안 가요.”

진짜인지 아닌지 모른다. 너무 고민이 돼서 나중에 상담을 받아본 적도 있었는데, 그때도 아이들이 거짓말하는 거일 수 있다고 했다. 쉼터가 제 기능을 못하고 있다고 말하려는 게 아니다. 개인적으로 난 이번 일을 통해서, 청소년보호소에서 일하는 사람들이 정말 존경스러워졌다.

하지만 난 그때 은비 말을 믿었다. 일단 그럴 수도 있으니까. 그리고 좀 잔인하게 얘기하자면, 이런 걸 상상해서 거짓말할 정도로 아이들은 똑똑하지 않다. 그렇지만 내가 그 말을 믿어준 가장 큰 이유는, 역시 검증할 순 없는 노릇이나, 은비의 말이 진짜 경험에서 나왔다는 느낌 때문이다. 그 상황이 아니라면 결코 알 수 없겠지만, 그 상황에 자리했다면 100% 확신할 수 있는 그런 말.

이때쯤부터 나는 '아이들'이 아니라, 유미 은비 나영이의 개별적 성향을 파악하기 시작했던 것 같다. 유미는 나서서 먼저 말을 하고, 거짓말을 서슴지 않았다. 다른 사람과 통화하는 걸 듣게 되노라면 그 능수능란한 거짓말 솜씨가 감탄스러울 정도였다. 내가 가장 많이 충돌하고 잔소리를 한 아이도 유미였다. 유미의 자의식이 가장 강했기 때문이다. 뒤집어 얘기하면, 유미가 이 셋 중 제일 머리가 빨리 돌아간단 얘기도 된다.

이에 비해 은비는 먼저 말을 잘 하지 않았다. 은비도 거짓말을 했지만, 항상 유미의 거짓말이 나온 후 그걸 거드는 식이었다. 있던 동안 내내 나랑 부딪칠 일을 은비는 거의 만들지 않았고, 그런 일이 있을 때면 먼저 사과를 했다. 그래서 아이들에게 해주고 싶은 얘기들을 제일 많이 들었다. 알아들었는지는 모르겠다.

나영이는 지나치게 자신의 의견을 유미에게 의존했다. 무얼 물어보아도 가만히 있고, 유미가 나서서 대신 얘기해주는 경우가 많았다. 문자를 보낼 때도, 싸이월드에 댓글을 달 때도 나영이는 번번이 친구들에게 물어보았다. 나영이는 셋 중에서 가장 말주변이 없었고, 자신도 그걸 알고 있었기 때문이다.

어쨌든, 나는 은비의 말을 액면 그대로 받아들였고, 어떻게 답을 해야 할지 몰랐다.

아이들에겐 돌아갈 집이 없다.

아이들은 청소년 쉼터로 가려 하지 않는다. 보낸다 해도, 자의든 타의든 결국 나온다.

"교회나 절에도 그런 데가 있어."

결국 생각해낸 게 이꼴이었다.

"그래도 싫은데. 여기가 좋아요."

"절에 가면 머리 깎는 거지?"

"어 정말?"

"아니야. 근데 산은 싫어."

금세 난장판이 되었다. 책을 가까이 하지 않는 아이들의 집중력 부족 현상. 여기선 글로 정리하니까 그렇지, 실제 상황에서는 지금까지 얘기하는 동안 3분도 집중하지 못했다.

"… 알았어. 좋아. 며칠 더 있게 해주지."

"정말요?"

"대신 조건이 있어. 반드시 지켜야 돼."

"뭔데요? 뭐든지 할게요."

"일단, 난 컴퓨터를 원래 내가 쓰던 상태로 돌려놓을 거야. 네이트온은 지우지 않겠어. 하지만 딴 건 깔아선 안돼. 예를 들면 버디 같은 거."

유미의 얼굴이 좀 굳어졌다.

"수건을 하나씩 나눠줄 테니, 자기 수건을 써. 컴퓨터는 내가 쓰라고 할 때만 써. 내가 안 쓴다고 막 쓰지 마. 밥은 제시간에 먹어. 남들 먹을 때 자다가 나중에 맘대로 요리해먹지 말라고. 저녁거리를 그렇게 먹어버리면 내가 마트를 또 가야 돼. 그리고 면봉 썼으면 제발 쓰레기통에 넣으라고! 누가 맨날 면봉을 방바닥에 버리는 거야?"

"쟤요."

은비가 유미를 가리켰다. 유미가 배시시 웃었다.

"… 난 너네를 믿고 싶어. 나쁜 짓 하기 싫다는 얘기, 믿어줄게. 그러니까 그렇게 해줘. 아는 오빠가 일주일 후면 도와준다고? 그렇지 않을 거라고 난 생각해. 또 그때 가서 며칠만 더 있겠다고 할 거라고 생각하지만…"
"아니에요! 절대로! 반드시! 진짜 딱 그때까지요!"

유미가 끼어들었다. 나는 말을 계속했다.
"어쨌든 믿어줄게. 그게 내가 어른으로서 해줄 수 있는 거라고 생각해. 난 너네가 여기서 편히 쉬었으면 좋겠다고 생각했어. 나도 남자니까, 맘속에 나쁜 생각이 없다고 하면 거짓말일 거야. 하지만 난 그렇게 안했어. 너네가 잘 알잖아. 나도 존나 무서워. 주위 사람들이 혹시 뭐라고 할까, 아랫집 사람이 올라오지 않을까. 아무도 내가 나쁜 짓 안했다는 걸 믿어주지 않을 거야. 너희도 안 믿을 걸. 너희 친구들한테 얘기하면 믿겠어?"
"안 믿죠."

은비의 말이었다.
"이 오빠 욕 썼다. 나 첨 봤어."

나영이의 말이었다.

"… 그래도 도와주겠다고 하는 건, 너네한테 이런 일도 있다는 걸 믿게 하고 싶어서야. 세상에 나쁜 사람만 있진 않아. 난 그런 역할을 하고 싶어. 요새 나한테 그런 일들이 생기기도 했고. 이러는 게 너희에겐 도움이 될 거라고 믿어. 너네 미성년자니까, 일단은 어른 말을 들어야 되잖아? 그리고 내가 나쁜 놈이라고 생각하진 않잖아?"

끄덕끄덕.

"난 너네가 잘됐으면 좋겠어. 그러려면 어떻게 해야 하는지 너무 고민돼. 그러니까, 제발 협조 좀 해줘. 응?"

"고민하지 마세요. 아무리 머리 써봤자 머리만 존나 아파요. 저는 그냥! 하는대로 하는 게 정답."

유미가 덧붙였다.

말하면서 좀 정리가 되었다. 이후에도 숱한 일들이 있었지만, 이때 했던 말들은 나 스스로를 구속하기도 했고, 그래야만 하는 이유도 제공해주었다. 지금 이 아이들에게 필요하고 내가 줄 수 있는 건, 그저 평온함뿐이다. 조미료 없는 가정식과 시끄럽지 않은 잠자리가 내가 줄 수 있는 평온함의 전부며 최선이다.

평온함을 맛본 사람은 평온하지 않은 상태가 불편하게 된다. 아이들이 이후에라도 이곳을 떠올리게 되는 게 그런 이유였으면 싶었다. 그런 곳을 갖기 위해선 어떻게 해야 하는가, 소위 장기적 계획에 대해 나도 말을 했었지만, 아마도 아이들은 더 고통을 겪으며 배워나갈 거다.

그 고통의 원인에는 물론 사회가 있다. 청소년 쉼터 같은 건 미봉책에 불과하다. 학벌과 증명서를 요구하는 사회에서 가출청소년들은, 가출의 이유에 수긍하든 못하든, 갈 곳이 없긴 마찬가지다. 아이들이 전화하던 남자친구들은 다들 배달, 주유소, 공사판 일을 하고 있었다. 그나마 남자들은 다행이다. 가출소녀들이 유혹에 빠지지 않기 위한 사회 안전망은 솔직히 없다.

하지만 사회 탓만 하면 아무것도 달라지지 않는다. 원조교제에 있어 소녀들이 사회적 피해자라고 말하긴 쉽다. 그 아저씨들을 감방에 넣는 것도 가능하다. 그러나 그것들이, 내가 직접 맞닥뜨린 이 아이들의 원조교제를 막지는 못한다. 쉼터에 넣든 집으로 돌려보내든, 내가 컴퓨터를 원천봉쇄하든, 아이들이 그러려고만 한다면 얼마든지 수단이 있다. 자신들이 겪는 고통의 원인을 사회에만 돌려버리면, 당연히 그것을 없애는 방법도 사회에만 있을 것이며, 아이들의 입장에서 그 방법은 '돈' 밖엔 없다. 아이들이 아니더라도 답은 같

다. 이런 상황에서 가장 큰 돈을 벌 수 있는 원조교제와 룸싸
롱 아가씨 신세를 마다하기가 쉬울까.

평온함은 돈으로 살 수 없다, 그게 내가 아이들에게 줄 수
있는 최선의 도움이었다. 평온함을 얻기 위해선 자신이 달라
져야 한다. 원조교제 했지 않냐고 욕하는 대신 아이들에게
기회를 주고 조금 더 머물게 한 이유도 그래서였다. 문제는
오직 나였다. 내가 감히 그런 모범을 보여줄 수 있을까? 별
것 아닌 행동에도 자꾸 화가 나는 이 속 좁은 내가 그런 평온
함을 줄 수 있을까? 다시 돌이켜보자. 선의의 행동이 늘 선
의의 보답으로 돌아오지 않는다는 걸 잘 알지 않는가?

모른다. 그저 할 수밖에. 무모하다면 무모하고, 도전이라
면 도전이고, 자뻑이라면 자뻑이다.

하나는 확실하다. 사람 사이엔 마음이 통한다. 이미 경험
한 바다. 내가 아이들이 잘되기를 바라는 마음이 진짜라면,
설사 이 결과가 제대로 매듭지어지지 않더라도, 마음은 전달
될 것이다. 그거면 된다. 세상에 인연 하나 없이도 잘되기를
바라는 사람이 있다는 거, 이제 이 나이 먹어 알게 된 거지
만, 아무것도 아닌 동시에 축복이다. 감히 축복해주자.

“말씀 다 끝나신 거죠? 그럼 싸이 할 건데 인제 컴퓨터 해
도 돼요?”

나영이가 엉덩이를 들며 말했다. 그래, 써라.

DNA, DNA

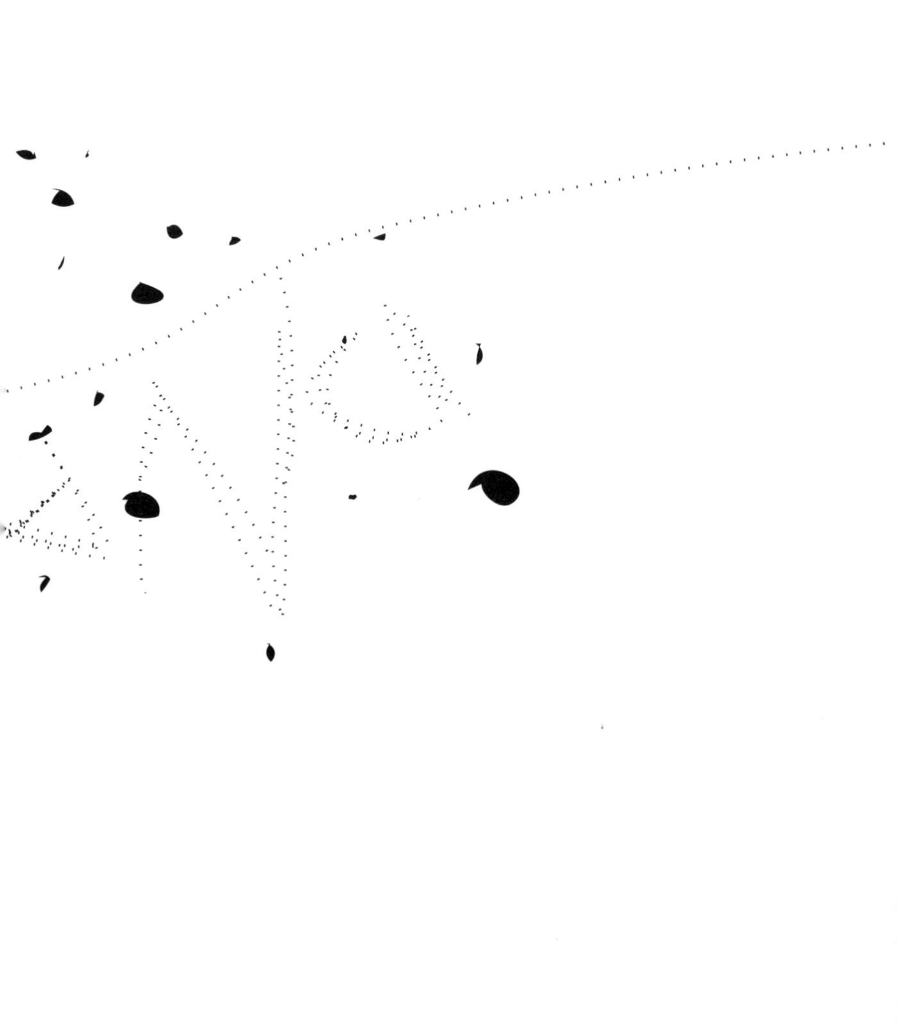

나는 방위 나왔다. 거의 마지막 방위 세대다. 자대로 가니 고참들이 득시글한데, 1년 반 동안 들어온 후임은 고작 세 명이었고, 그마저도 다른 부서에 있었다. 대부분 경험하는 고참으로서의 권위를 난 누려보지 못했다. 하지만 홀가분했다. 되도 않는 놈이 으시대는 꼴은 지겹게 봤으니까 그 짓을 내가 하지 않을 수 있었단 걸 다행으로 여겼다.

그러나 아이들과 있으면서 난 그때 고참 짓을 해볼걸 그랬다고 새삼 생각했다.

아이들에게 이런저런 요구를 한 건 공동생활의 룰을 지키라는 의미였다. 집에는 IPTV가 설치돼 있었다. 3년 약정이라 물릴 수가 없다. 유료 프로는 사절하고, 가끔 지나간 연예 프로그램을 보는 용도로 쓰고 있었다. 여기에 유미가 꽂혔다. 유미는 애니메이션 광팬이었다. 한번 TV 앞에 앉으면, 만화 시리즈를 몇 시간이고 틀어댔다. 내가 컴퓨터를 쓰고 있을 때면, 다른 할 일이 없는 애들이 유미에게 불만을 털어

놓곤 했다.

"야 대체 몇 시간을 보는 거야? 리모콘이 니꺼냐?"

하지만 유미는 꿈쩍도 하지 않았다. 딴 것 좀 보자는 아이들에게 오히려 짜증을 냈다.

"아씨, 이거 하나만 더 보고."

지친 친구들이 이불을 덮어쓴다. 그러면 유미는 다시 말이 나올 때까지 계속 애니메이션을 보았다. 이 일은 거의 매일 반복됐다. 당연히 친구들의 짜증섞인 목소리도 조금씩 커졌다.

하지만 의아했던 건, 유미의 고집보다도 친구들이 왜 더 적극적으로 요구를 하지 않는가였다. 혼자 TV를 독점할 권리가 있는 것도 아니다. 그런데 왜 얘기가 이어지지 않을까? 그건 이 그룹에서 유미가 어떤 권력을 갖고 있다는 뜻이다.

꽤 시간이 흐른 후에, 자연스럽게 그 이유를 알게 되었다. 아이들은 내일에 대한 대책이 늘 막막했다. 어디로 갈지, 뭘 해야 할지, 하다못해 뭘 먹을지 계획된 것이 없었다. 그저 그때 하고 싶은 대로 할 뿐이었다. 그리고 당면한 문제의 답을, 그게 맞든 틀리든, 먼저 내놓는 책임은 유미에게 돌려져 있었다.

유미가 그럴만한 능력이 있어서 그리 된 것은 아닐 거다.

생각해보면, 친구들 몇이서 뭐하고 놀까를 고민할 때에도, '책임'이라는 공은 서로에게 미루어지며 돌아다닌다. 네 말 듣고 거기 갔더니 재미 없었더란 소리를 듣기 싫으니까. 하지만 어쨌든 누군가는 그 공을 손에 쥐어야만 한다. 유미가 그런 경우였다. 가장 머리가 빨리 돌아가고 말주변이 좋은 유미. 거짓말이라도 해서 위기를 빠져나갈 줄 아는 유미. 지금까지 나와 있었던 때를 돌이켜봐도, 이 그룹의 중심은 유미였다.

하지만 유미는 자의식이 강했다. 자기가 하고 싶은 대로 되지 않으면 낯빛부터 달라진다. 남에게 배려하기보단 자기를 늘 먼저 챙긴다. 때문에 유미의 리모콘을 뺏기 위해선, 이 자의식 강한 유미와 싸움을 벌일 각오를 해야 한다. 이 나이 때의 나도 그랬을 테지만, 감정과 이성을 분리하기 힘든 이 그룹에서 기분이 틀어진다는 건 곧 책임의 공을 유미가 놓아버릴 수도 있다는 의미이고, 나아가 이 그룹의 와해도 가능하다는 뜻이 된다. 사실 아이들이 정말 두려워했던 건 이 '와해'였지만, 당시로선 나도 그것까진 잘 몰랐다.

어쨌든 리모콘을 놓지 않는 유미와 이불을 덮어쓴 아이들 사이에서, 나는 이 상황의 책임이 슬슬 나에게로 넘어오는 걸 느꼈다. 내가 가만히 있는 한, 이 상황은 바뀌지 않는다. 하지만 난 유미의 리모콘을 뺏을 수 있다. 그리고 은비와 나영이의 불만 가득한 목소리에는 나에게 향한 책임의 화살이 숨어 있다.

나에게도 고참 같은 권력이 생긴 것이다.

그동안 난 최선을 다해 세 명을 공평하게 대했다. 가장 미운 짓을 많이 한 유미에게도. 밥은 똑같이 주었고 설거지나 청소를 하겠다고 하면 번갈아 하게 했다. 음료수가 있으면 반드시 나눠 마셨다. 공평하지 않으면 그건 편애고, 편애는 이 아이들의 고통을 되새기는 일이라고 생각했기 때문이다. 소외 당하는 느낌을 주고 싶지 않았다.

그렇다면 어쩔 수 없이 리모콘을 뺏을 수밖에 없다고 생각했다.

"리모컨 줘봐."

내가 손을 내밀자 유미는 얼굴이 굳어졌다.

"솔직히 너 혼자 너무 많이 봤잖아. 딴 애들도 보게 해줘야지."

"그치만 애들 테레비 안 보잖아요…"

갑자기 은비가 이불을 걷어내고 벌떡 일어났다.

"야 내가 안 보는 거냐? 못 보는 거지. 니 혼자서 리모컨 껴안고 있자나. 지랄하고 안줘놓고선."

은비가 다시 이불을 덮었다.

"리모컨 줘."

내가 다시 손을 뻗치자 유미가 리모컨을 건넸다. 난 그걸 은비 쪽에 던졌다.

"인제 그만 좀 봐. 나도 일하는데 애니메이션 소리 너무 거슬려. 차라리 테레비 소리가 낫겠다. 그리고 4시간이나 봤으면 많이 봤잖아? 내일 또 보라고."

"아이 근데 한참 재밌는데…"

유미가 입을 삐죽였다.

"됐어. 친구들도 보고 싶은 거 봐야 할 거 아냐. 오늘은 애니메이션 금지야. 씨바 나도 지겹다."

유미는 잔뜩 삐친 얼굴로 이불을 뒤집어 썼다. 덥다고 나시 쪼가리만 걸치고 있으면서 왜 이불을 덮어대는지 나는 여자애들이 도통 이해가 가질 않았다.

일상적으로 있을 수 있는 일이라고 생각한다. 하지만 이 사소한 일이 근본적으로 무슨 의미를 갖고 있는지 처음엔 알지 못했다.

유미는 차츰, 아이들과 뭔가 이야기를 할 때면 내 앞을 피했다. 거실로 나가거나, 그것도 성에 안 차면 밖에 나가는 일이 잦아졌다. 그 전부터도 그랬기는 하지만, 좀더 그 횟수가 잦아졌고 눈에 띄었다. 처음엔 자기들끼리 하고 싶은 말이 있겠거니 했다. 하지만 갈수록 정도가 심해졌다. 한 시간을 밖에서 보내다 오는 일도 심심치 않았다.

이해할만한 여지도 있다. 이 또래 아이들이 원래 그렇기도 하고, 자기들 생활이 시시콜콜히 다 까발려지는 걸 원하지 않았을 것이다. 하지만 그 정도가 심해진 것은, 유미의 초조함 때문이라고 지금은 생각한다. 이 집에서의 중심은 나였다. 자기들에게 필요한 것들을 내가 해결해주기 시작하면서 의존하고자 하는 마음이 생겨나는 건 당연하다. 내가 합리적인 태도만 유지한다면, 거리감도 줄어들면서 애기하는 횟수도 많아질 것이다. 실제로 차츰 아이들은 스스로 자기 애기를 내게 하거나 뭔가를 물어보기도 했다.

유미는 그게 싫었던 게다. 지금까지 그 역할을 맡았던 게 자기였으니까. 친구가 자기한테 물어보지 않고 나한테 말을 거는 건, 유미 입장에선 서운하고 외로운 감정을 느끼게 했을 것이다.

그러나 이 관계 변화에는 보다 중요한 의미가 숨어있었다. 나는 이것이 권력 관계의 변화라고 생각했다. 은비와 나영이를 사이에 둔, 의도치 않은 파워 게임.

그리고 유미는 절대로 그 게임에 져서는 안되었다. 지식, 경험, 성격, 또 얄팍한 경제력까지도 유미는 나와 상대가 되지 않는 처지다. 하지만 여기서 지면 유미는 친구들을 잃게 되고 가출 생활은 끝난다. 친구들이 내 설득에 넘어가 집으로 돌아가버리면 안되니까, 어떻게든 대항하여 자신의 위치를 확보해야 한다. 그렇기 때문에 자꾸 친구들을 끌고 내가 없는 밖으로 나갔던 것이다. 유미는 기본적으로 나와 적대적 태도로 나올 수밖에 없는 거다. 그래서 나와 가장 많이 부딪치고, 가장 많이 말싸움을 벌이고, 또 셋 중에서 가장 적게 말을 건 사람이 유미였다.

물론 이렇게 생각이 정리된 건 나중 얘기다. 유미의 태도에서 어렴풋이 권력 게임 비슷한 느낌을 받긴 했지만, 당시 나는 그게 어쩔 수 없는 일이라고 합리화했다. 의도치 않게 온 권력을 나는 올바로 쓰기만 하면 된다고 말이다.

아이들은 나눠준 수건을 알아서 관리했다. 밥을 먹은 후엔 설거지도 스스로 하기 시작했다. 컴퓨터에는 종종 악성코드가 깔렸지만, 그건 캡처 프로그램 때문이었고, 포토샵이 있다는 걸 가르쳐주자 정말 열심히 자기 사진을 보정하는데 시간을 보냈다. 돈이 곧 부족해졌고 한 끼는 라면으로 때웠다. 하지만 값싸고 퍼석한 돼지고기 뒷다리살과 계란으로도 아이들은 잘 먹었다. 커피믹스에 얼음 띄워 냉커피를 만드는 것도 수고롭지 않았다. 아이들은 밤에 친구들을 만난다며 나가는 일도 있었지만 그리 오래지 않아 돌아왔다.

내가 바란 평온함은 그 정도였다. 하지만, 이것이 불안한 평온함이란 걸 나도 아이들도 알고 있다. 정해진 기한도 있는데다 언제든지 깨질 수 있다.

나는 남자로 태어났다. 거부할 수 없는 DNA가 있다. 사랑하는 여자를 위해서 하룻밤 참는 일, 그보다 더 나아가 한 달을 참는 일도 불가능한 건 아니다. 하지만 그렇다고 해서 DNA에 박힌 본능을 초월한 게 아니란 것도 사실이다.

난 또래의 여자랑 같이 산 적이 없다. 누나도 여동생도 없다. 여자애들이 방바닥에 쓰러져 자고 있는 모습을 보노라면, 하루 이틀쯤이야 호기심에 힐끗힐끗 보기도 했지만, 나중엔 그냥 주저앉아 나도 아이들도 어쩌다 이 상황이 됐을까 근심만 들었다. 남의 집에서 무의식 중에 허벅지 긁어대며 자는 여자애들. 그리고 이걸 방치하고 있는 나. 양쪽 다 한심하다. 현실을 마주하고 보면, 성욕이란 놈이 얼마나 판타지와 망상에 의존하는가가 새삼스럽다. 아마도 결혼한 친구들이 예쁜 마누라 팽개치고 바람 피는 이유가 이래서였겠지.

나 또한 이 어이없는 상황에서는 제아무리 아이들이 헐벗고
돌아다닌들 뭘 어떻게 해볼 마음은 요만큼도 들지 않았다.
생각보다 스스로에게 안심했다.

그러나 DNA가 어디 가버린 건 아니었다.

며칠 후엔가, 세 명은 여기를 나간 후 어떻게 할 건가를 놓
고 한참을 얘기했다. 나는 방에서 컴퓨터를 쓰고 있었고 아
이들은 거실에 있었다. 그러다가 아이들이 신발을 신는 소리
가 들렸다.

"잠깐만 바람 쐬고 올게요."

밤 12시는 되었던 것 같다. 멀리 가지 않고 금방 오겠다고
하여, 빨리 들어오란 잔소리만 하고 허락해 주었다.

한 시간은 지났을까. 나는 피곤해져서 컴퓨터를 끄고 누웠
다. 문이 열려 있으니 잠글 순 없다. 초인종 소리를 내긴 싫
었다. 아이들이 마음에 걸리는 상황에선 어차피 잠도 오지
않는다. 멀뚱히 누워 있었다.

누군가 돌아왔다. 은비였다.

"다른 애들은?"

"… 아직 얘기하고 있어요."

그리 밝은 목소리가 아니었다. 하지만 아무렇지 않으려 하는 게 느껴진다. 침묵 속에서 잔잔한 아픔이 전해져 오고 있다.

은비는 한쪽 구석에 누워 말이 없었고, 아이들이 무슨 말을 나누었는지도 모르지만, 이들이 힘들어 한다는 건 느낄 수 있다. 답답하다. 나도 힘들다. 이 고통은 아이들이 자초한 거다. 그렇지만 지금, 현재엔, 나 또한 이 아이들의 고통의 사슬에 얽혀 있다.

"무슨 얘기들을 하는 거야?"

나는 은비에게 조용히 물었다.

"……"

은비는 말이 없었다.

"우는 거야?"

은비의 두 눈에서 눈물이 흐르고 있었다. 그 어울리지 않는 아이라인을 그린 채로.

"어떻게 할지 모르겠어요. 유미도 힘들다 그러고, 나영이도 힘들다 그러고, 딴 데 혼자 가고 싶다고 그러고… 나도 힘들어 죽겠는데. 근데 자꾸 딴 데 간다 그러니까, 신경질만 내고… 혼자 남겨지면 또 어떡해야 할지 모르겠고…”

은비가 훌쩍이기 시작했다. 나는 은비 옆으로 가서 손을
잡아주었다. 키에 비해서 손이 아주 조그마했다. 은비는 그
냥 계속 울면서 말을 이었다.

“나도 힘든데… 지들만 힘든 거 아닌데… 자꾸 딴 데 간다
그러구… 진짜 어떡해야 할지 모르겠어요…”

뭐라고 말을 할 수가 없었다. 아이들이 힘들어하는 건 결
국 자기들 탓. 마음을 바꾸어 그 원인을 없애지 않는 한, 하
루하루가 막막한 고통은 사라지지 않는다. 하지만 지금 당장
의 고통은 무엇 때문인가. 정말 아이들은 이 집을 마음에 들
어 한 걸까.

현실, 엿 같은 현실. 평온함을 주면 평온하지 않은 게 고통
스럽고, 그래서 이 생활을 벗어날 계기가 된다고? 그 고통을
아이들에게 미뤄버릴 수 있다면 그렇겠지.

평온함도 그저 내 입장에서 결론지은 망상이었던 건가.

나는 오직 이곳에 있는 아이들을 보았을 뿐, 다른 곳에서
어떻게 먹고 자는지 모른다. 아이들을 조금씩 알게 되기 전
까지, 나는 이런 아이들이 제멋대로 방탕한 생활을 하리라
짐작했었다. 불량 청소년들의 아지트, 고시원, 모텔 같은 곳

에서 배고픔과 낭비의 극단을 오가는 생활. 어쩌면 짐작조차 못하는 불안과 공포가 그 생활 속에 있었던 거겠지. 몰랐던 게 아니다. 단지 그것이 내 앞에 있는 이 사람의 두려움으로 현실화되지 않았고, 그래서 나도 여태껏 주둥이로나 떠들 줄 알았던 거겠지. 그리고 무엇보다 무서운 건 그 속에 자기 혼자만 남겨진다는 외로움. 좋든 나쁘든 의지할 사람이 없어지고, 자기 딴에도 붕뜬 듯한 장래 희망이 정말 손에 잡을 수 없는 비현실로 결정돼버리는 비참함.

나는 은비의 손을 더 꼭 잡아 주었다. 그것말고 할 게 없었다. 더 있게 해주겠다고, 나를 위해선 가난해도 상관없지만 지금 이 고통을 덜기 위해서라면 어떻게든 돈을 벌고 싶은 의욕, 그런 성스런 마음이 솟아났다.

그리고 정말 비참하게도, 나는 이 애를 안고 키스하고 싶다는 생각이 함께 솟아났다.

이 좃같은 DNA. 저주스럽고 치졸한 본능. 지옥에 떨어질 위선자. 결국 이 순간을 기다린 거지? 이 야비한 새끼.

성스런 마음은 본능을 이겼다. 나는 한참동안 두 손으로 은비의 손을 포개어 잡고 토닥였다. 이윽고 다른 아이들이 돌아왔다.

"어? 은비 왔네. 뭐야 씨발 한참 찾았잖아."

나는 애들에게 가보라고 하며 똑바로 앉았다. 은비는 일어나 나갔고, 아이들은 거실 쪽에 앉아 담배를 피웠다.

슬슬 위험해지고 있었다. 나와 상관 없던 아이들에게 조금씩 공감하고 해주고 싶은 게 생기면서, 나도 보답을 받고 싶다는 심리가 생겨난다. 그 보답은 처음엔 아이들의 순응 정도였겠지만 이젠 아니다. 다른 걸 알게 됐기 때문이다.

리모컨 사례를 통해 알게 된 권력. 그렇다. 아이들은 내가 뭔가를 하라고 하면 대들지 못했다. 싫은 소리를 할 때 반항한 적이 있나? 밥 먹으라고 나오라면 빨리 빨리 나오고, 나중엔 저희들끼리 컴퓨터 끄고 나오라고 재촉할 줄 알았다. 내게 권력이 있기 때문이다. 숙소와 식사가 내 수중에 있다. 그리고 결코 없어지지 않을, 여자아이와 남자어른의 관계에서도 권력은 생겨난다. 앞서 말했듯 나는 권력에 둔감했고 행사해본 기억이 없다. 그러나 지금은 알고 있다. 내가 요구하면 결코 거부하지 못한다는 걸.

그래. 바보 같이 몰랐구나. 아이들은 저희들끼리 얘기할 때 온갖 욕지거리를 섞었지만, 나에게 말할 땐 어떻게든 존대를 하고 욕을 안 하려고 애썼었다. 나름 대견했었다. 본바탕까지 나쁜 애들은 아니라고 느꼈고, 은비가 나쁜 물 들까봐 쉼터 안 간다는 얘기도 그래서 믿어줬던 거였다. 그 말들에서 충분히 권력관계를 알 수 있었을 텐데, 너무 혼자 오래

산 거다.

거부하지 못한다는 건 폭력에 의해 진압되었을 때도 그렇지만, 피권력자가 권력에 순순히 응하게 됐을 때에도 적용된다. 그래. 내가 잠자리를 요구하며 손을 끌어당기면 반항하지 못한다. 물론 약간의 저항은 있겠지만, 때리거나만 하지 않는다면, 그래도 저 오빠는 그때 개네들보다는 낫고 우리들한테 잘해줬잖냐는 자기합리화가 이어질 거다. 사후에 감언이설로 꼬드겨 더 부드럽게 풀어갈 수도 있다. 분명히 나는 잘해낼 게다. 그리하여 누군가에게 책 잡혔을 때에도 '아니에요 오빠 그렇게 나쁜 사람 아니에요' 라는 말을 아이들 입에서 자발적으로 나오게 만들 수도 있을 것이다.

이럴 때의 잔머리는 참으로 빨리 돌아간다. 좆같은 DNA.

나는 아이들이 좋아지려고 한다. 아이들의 힘듬을 덜어주고 싶어한다. 그걸 핑계로 눌러둔 본능이 싹튼다. 이 본능은 성욕 때문이 아니라 아이들을 좋아하니까 자연스럽게 그렇게 되는 거라고, 그건 죄가 아니라고 나 자신에게 귓속말을 건넨다. 그 귓속말의 일부는 진실이다. 때문에 거역하기가 어렵다.

마키아벨리가 그랬다. 권력은 비정해져야 한다고. 도덕은 그걸 위선으로 꾸미기 위해 필요한 거라고.

그래, 나에겐 권력이 있다. 그러니 이젠 비정해질 때가 되었다. 나에게도, 아이들에게도.

아이들이 잘되기를 바란다면, 그리고 계속 도움을 주고 싶다면, 이 집에서 떠나 보내야 한다. 그러기 위해 나는, 원래의 약속을 원칙적으로 지킨다는 명목 하에 아이들을 내보내야 한다. 여기 있는 이 아저씨는 자꾸 너희에게 정이 들려 하여 슬슬 본능이 꿈틀대는 참이다, 그 따위 솔직한 말은 할 필요가 없다. 너희가 힘들면 나도 힘들다는 드라마 같은 헛소리도 필요 없다. 평온함 따위로 고통을 주어서 미안하단 고백도 하지 말자. 어차피 못 알아 듣는다.

객관적으로도, 식비를 아무리 줄인다고 해도 혼자 살 때와 비교하면 최소 두세 배는 들었다. 돈은 얼마 있지 않아 바닥날 것이다.

하지만 심정상으로는 남에게 돈을 꾸어서라도 애들을 내보내고 싶지 않았다. 자신들의 잘못에 대해 책임을 져야 한다, 고통으로부터 배워야 한다, 평온함은 돈으로 살 수 없다… 이런 나의 생각들이 급격하게 무너져가는 게 느껴진다. 무슨 짓을 했든, 나는 차마 이 아이들을 고통 속에 밀어넣고 싶지 않았다. 아무리 하는 짓이 어리석어도, 나는 그 순간의 화를 삭일 능력이 있다. 그게 아이들이 새벽 거리를 떠돌아야 하는 합당한 근거가 될 순 없다.

그런데 결국 비정해져야 하는 이유가 내 DNA 때문이라니, 이 얼마나 치졸한가. 아이들에게 잘해주어 나를 따르고 서로 친해질수록 더욱 권력의 유혹을 마다하기 힘들다. 이 얼마나 아이러니한가.

차라리 누군가가 이 얘기들을 진심으로 들어줄 수 있다면, 그러면 그게 무서워서라도 내가 쓸데없는 짓을 할 수 없을 텐데 말이다. 나는 정말로 내 얘기를 털어놓고 싶었다. 하지만 누구도 공감하지 못할 거란 두려움이 앞섰다. 문제는 진실이냐 아니냐가 아니라 공감이니까. 나도 남이 이런 얘기를 했다면, 그 사람은 믿어주겠지만 스스로 겪은 일이 아니므로 여전히 공감할 수 없었을 거다.

나는 나 개인의 무력감을 느꼈다. 만약 내가 '나'를 버릴 수 있다면, 이런 고민을 초월해 아이들을 도울 수 있었을 거다. 일종의 '자기 희생'이다. 하지만 '자기 희생'이란 개념까지 마음 속에서 없애지 못하는 이상, 그 말에서 느껴지는 한 올의 만족감이 싫지 않은 이상 다시 지금의 고민은 되풀이되고, 무력감은 사라지지 않는다.

이튿날, 나는 아침 일찍 마트를 다녀와 부대전골을 해주었다. 스팸이 비쌌지만 그냥 샀다. 그날 아침의 부대전골은 내가 먹어본 중에서 가장 맛있었다.

설거지까지 다 마친 후에 나는 아이들에게 말했다.

"일주일을 더 있겠다고 했었지. 내일이야. 이제 그 이상은 안돼. 당장 통장에 돈이 없어. 내가 힘이 없거든."

전날에 나는 김밥 가게에서 김밥 넉 줄을 사와 그걸로 넷이서 점심을 먹었다.

"왜 김밥을 먹을 수밖에 없었는지 좀 이해해줘. 한 줄로는 배가 고파. 당연하지. 그런데 그렇게 안하고서는 식비가 감당이 안 돼. 그렇다고 매일 이렇게 먹을 순 없지. 당연히 나로선 그런 생각이 들지 않겠어? 너네들 없으면 난 괜찮게 먹을 수 있다고."

"……"

"어쨌든 힘들어. 하루 온종일 신경을 쓰니까 괜히 감기도 걸리고 말이야."

실제 그랬다. 에어컨도 없는 집에서 여름 감기에 걸려버렸다.

"근데요, 그 오빠가 그날까지 딱 안될지도 모른다고 그러는데…"

유미의 말이었다.

"그래서 나보고 어쩌라고? 전에 얘기했잖아. 분명히 이런 소리 또 나올 거라고 말야. 그땐 내 말 안 믿었지? 하지만 내가 인젠 너무 힘들어. 방법이 없다고. 무슨 소린지 알겠어?"

"근데요, 잠깐요, 저희 상황도 좀 보세요. 오빠 힘든 것두 알고요, 이렇게 얹혀사는 거 정말 미안하게 생각해요. 진짜 고마워요. 근데 문제는, 저희가 당장 갈 데가 없어요. 그 오빠두 어제는 연락이 안되구…"

"그 오빠가 누군진 모르지만, 네가 그렇게 철석같이 믿고 있다면, 어째서 그렇게 차일피일 미루고 있는 건데? 그리고 그 오빠가 고시원 못 잡은 책임을, 결국 내가 지게 되는 거 아니니? 내가 너네 있게 해주겠다고 했고, 약속을 지켰어. 그러니까 너도 약속을 지켜. 내일이 되면 일주일이 되니까 그때 나가."

한동안 다들 말이 없었다. 유미는 짤막하게 알았다고 대답했다.

소설 같으면 이때 내 마음은 사실 찢어질 듯 아팠다고 해야 극적이다. 그러나 현실은 그렇지 않았다. 분명하게 기억한다. 글을 쓰고 있는 지금이 훨씬 마음이 아프다. 그때 나는, 뭔가 홀가분한 기분이었다. 그간의 고민에서 해방되어 그랬던 것도 아니다. 아이들이 나가면 원래의 내 생활로 돌아간다는, 평온함에 대한 기대가 나를 기쁘게 했다.

숨겨두었던 욕망은 상황이 바뀔 때마다 제 모습을 드러낸다.

기쁘다니, 우울하다.

나는 그날 집 밖으로 나가, 캔커피 하나를 혼자 마시며 담배를 피웠다.

다음날 나는 아침을 차려주지 않았다. 그리고 아이들은 나갔다.

나는 바로 빗자루를 들고 청소를 시작했다.

휑한 바닥에 아이들이 쓰던 빨간 색 립 글로스가 떨어져 있었다. 속은 거의 비었다.

나는 차마 그것을 쓰레기통에 넣지 못했다.

TV는 꺼진 채였고, 컴퓨터에선 더 이상 음악이 흘러나오지 않았다.

늘 쿵쿵거리며 다니던 나영이의 발소리도 들리지 않았다. 아주 조용했고 평화로웠다.

그날 밤 내 잠을 방해하는 소리는 아무 것도 들리지 않았다. 그래서 나는 오랫동안 잠들지 못했다.

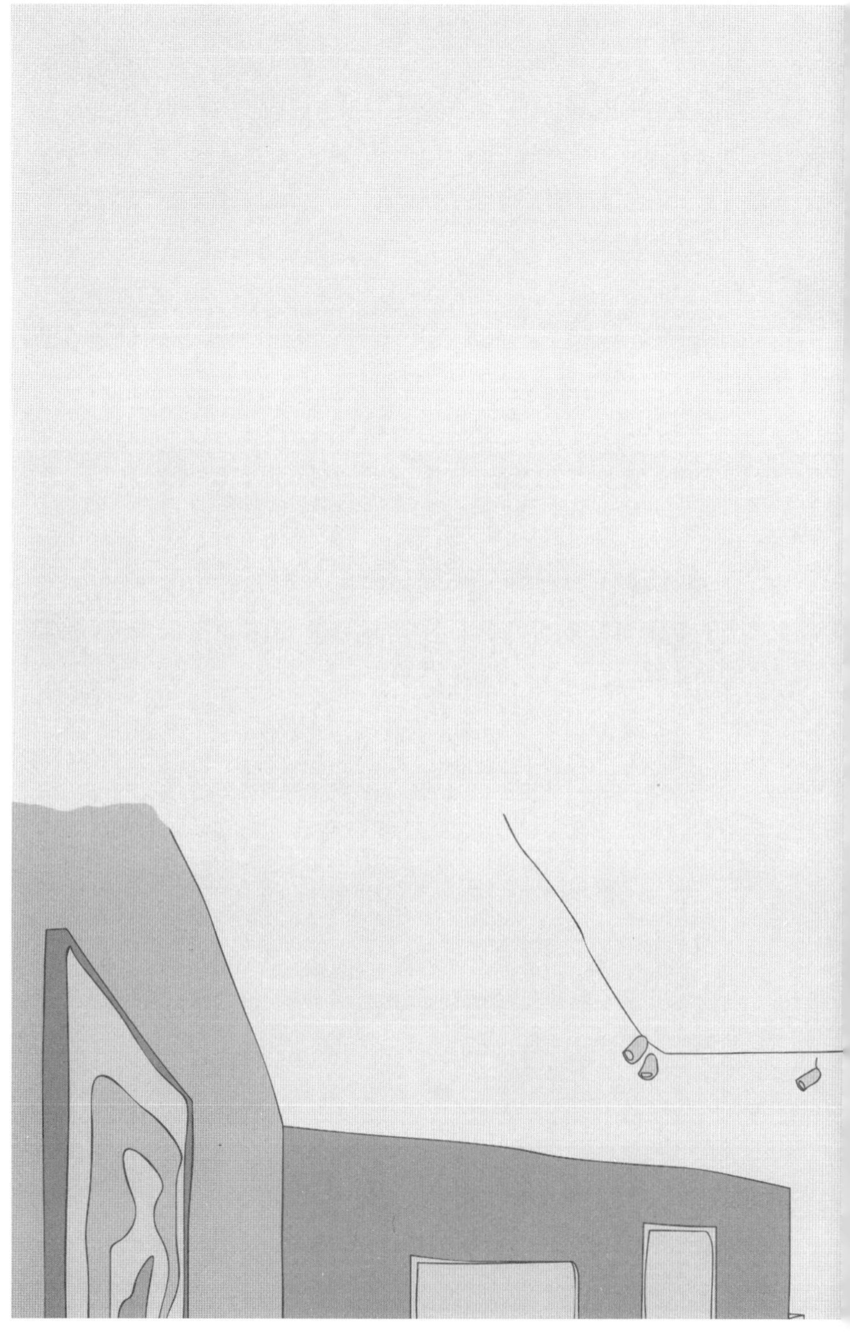

1423

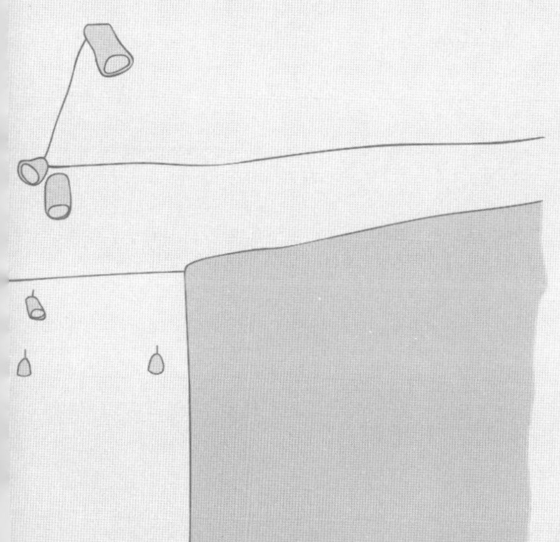

평화롭게 우울한 날들이 일주일쯤 지났을 무렵, 문자 메시지 하나가 도착했다. 유미였다.

'정말 급해서 그런데요 하루만 좀 재워
주시면 안돼요 부탁드릴게요 TT'

그럴 줄 짐작하고 있었다. 나도 아이들이 보고 싶었다. 더 있었으면 내가 먼저 전화를 걸었을지 모른다. 하지만 먼저 그러지 못한 건, 과연 뭐가 달라질까 의문이 들기도 했고, 처음과는 달리 이제는 아이들과 있으면 어떤 광경이 펼쳐지리란 걸 알고 있었기 때문이다. TV나 컴퓨터, 식사, 청소 등의 외부적 문제는 어떻게든 해결이 된다. 돈이 중요하지만, 그것도 결국 외부의 문제, 정말 필요하다면 아쉬우나마 융통할 방법이 없지도 않을 거다.

하지만 근본적인 문제는 해결이 되는가?

만약 아이들이 제대로 된 생활을 찾기 위해 조금이라도 노력한다면, 그런 의지라도 보여준다면, 나는 아이들을 도울 명분이 있다. 담배를 끊고 푼돈 버는 아르바이트라도 하며, 검정고시 보겠다고 책 한 줄이라도 읽고 있다면 누구라도 도와줄 마음이 날 것이다. 오해는 어차피 피할 수 없다. 진실을 드러내는 유일한 방법은 아이들의 노력 뿐일 테니까.

그러나 그럴 리가 없다. 내가 가진 최대의 능력은 먹물끼다. 검정고시를 보겠다는 얘기는 셋 다 했었다. 그러니 중학교 수준의 공부라면 얼마든지 가르쳐줄 수 있었다. 하지만 아무도 이 집에 있는 동안 그러려고 하지 않았다. 당연하다. 학교 공부를 시험 공부와 혼동하고 있는 이상에야, 대체 공부가 인생살이에 뭐가 도움이 되는지 모르는 이상에야 배울 마음이 들리 없다. 그게 인생에 도움이 된다는 걸 깨달으려면 일정 정도의 지식을 갖춰야 한다. 아무것도 모른 채 구구단을 외워야 하는 시기가 있듯이, 이해가 안 가더라도 참고책을 읽어야 하는 과정이 필요하다. 허나 아이들은 때를 놓쳤고 붙잡아줄 사람도 없다.

아이들과 있으면서 새삼 깨달은 것들이 참 많지만, 그 중에서 가장 기억에 남는 건, 본인이 필요로 하지 않을 때엔 도와줄 수조차 없다는 것이다. 배부른 애에게 치킨을 줘봤자 퉁명스러운 반응만 돌아온다. 치킨이 정말 도움이 되는 건 그 애가 배고플 때다. 아이들에게 공부가 필요하고 평온함이 주어져야 하는 게 당연함에도, 그게 뭔지도 모르고 왜 해야 되는지도 모른다면, 그저 고통 하나를 더할 뿐이다.

그걸 알게 하기 위해선 선의의 권력과 강제가 필요하다. 부모가 집에 붙들어 놓고, 제 시간에 밥을 먹이고, 제때 학교에 보내야 한다. 부모가 아닌 다른 권력은 선의가 유지되기 어렵다. 내가 몸소 느꼈듯이. 또한 부모나 되니까 자기를 희생해서 뒤치다꺼리를 할 수 있는 거지, 하루에 몇 번씩이나 나는 화딱지를 참아내는 건 수도승이나 할 짓이다.

대개의 개인은, 물론 테레사 수녀 같은 사람도 있긴 하겠지만, 이런 자기 희생을 감당할 수가 없다. 그러니까 올리버 트위스트의 상황이 자연스럽게 연결되는 거다. 나도 아이들을 데리고 있다간 결국 권력을 함부로 쓰게 될 거고, 응분의 보답을 바라며 하나씩 잠자리로 끌고 들어갈지 모른다. 나중엔 하나씩도 아니겠지. 나아가 애들이 원조교제해 벌어온 돈으로 밥 먹고 영화 보는 사태가 생기지 말란 법이 없다. 처음에야 몰랐지만, 지금은 아이들로선 '고정된 숙소'가 얼마나 얻기 어려운지를 알았고, 굶주림보다 외로움을 무서워한다는 걸 알았다. 그러니 안락함과 친근함을 가장해 자기합리화란 놈이 곧 본색을 드러낼 게 분명하다.

그래서 사회가 필요한 것이다, 그게 나의 결론이었다. 감정이 없고 사무적으로 사람을 대하는, 그러나 선의를 가진 권력 기관이 아이들에겐 필요하다.

이 결론을 먼저 이야기하는 이유는, 아이들과의 두 번째 만남에서 세세히 기록할 것이 많지 않기 때문이다. 체력 저하된 선수의 연장전일 뿐이다.

나는 안쓰러운 마음에 허락을 했고, 유미 은비 나영이는 예전처럼 잔뜩 화장을 한 채 집으로 들어왔다. 다시 만나 기쁘긴 했지만, 예상되었듯 유미는 '열흘 정도만' 머물게 해달라고 이야기를 했다. 일주일도 아니고 열흘.

앳된 얼굴의 유미, 그러나 영악하고 욕심 많은 유미. 내가 아이들에 대해 생각하고 고민했듯이, 유미도 그랬던 거다. 유미는 나란 사람이 어떤 성향인지를 이미 파악하고 있었다. 자신들을 다시 만난 첫날에 그런 얘기를 꺼냈을 때, 내가 차마 그 자리에서 내치지 못할 거란 걸 짐작했던 것이다. 그리고 내가 약속한 것을 어떻게든 지키려 한다는 것도 이미 보았다. 배고프다고 하면 그냥 못 넘어가는 것도 안다.

유미는 정말 머리가 좋았다. 유미는 아예 내가 '의심' 한다고 했던, 자신들의 최대 취약점을 스스로 까발렸다.

"있잖아요, 저번에 돈 어디서 났냐고 그랬을 때요, 기억나시죠? 그거 사실 친구한테 돈 빌린 거 아니에요. 그 왜 있잖아요. 조건만남. 저희 그걸로 돈 벌었어요."

나는 그때 놀라서 뭐라 대꾸할 말을 찾지 못했다.

"저희도 그거 하기 싫은데요, 딴 방법이 없으니깐 말이죠. 저희 알바 뛰어서 돈 제대로 못 받는 거 아시잖아요. 오빠도 저희 그런 거 하는 거 싫으시죠?"

"그야 그렇지…"

"그러니깐, 저희 앞으로 그거 안할게요! 저희도 오빠 곤란하게 만들고 싶지 않거든요. 밥도 아껴 먹고요. 컴퓨터도 딱 쓰라고 할 때만 쓸 게요. 그니깐 좀만 있게 해주세요. 저희도 약속 지킬게요."

공은 유미의 손에 있었다. 나는 너희들이 책이라도 좀 읽으면 좋겠다고 했고, 아이들은 기꺼이 그러겠다고 했지만, 하루도 못 갈 거란 것은 나도 아이들도 알았다. 그땐 그냥 내가 진 거였다. 내가 자기들을 쫓아내고 싶어하진 않는다는 사실을 유미는 잘 알고 있었고, 나는 원칙을 얘기하기엔 너무 물렀다.

그리고 다시, 이전에 있었던 상황은 반복됐다. 물론 아이들은 이제 TV와 컴퓨터 음악 소리를 줄였다. 가끔은 알아서 청소도 했다. 나도 전보다는 덤덤해져서, 전처럼 소리에 민감하게 반응하진 않았다.

하지만 두 가지 크게 다른 점이 있었다.

처음에는 아무것도 모르고 마음만 앞서 아이들을 들였다. 하지만 지금은 안다. 아이들을 돕고자 한 이 길의 끝이 막혀 있음을, 개인은 그저 무력하다는 것을. 두 번째로 아이들이 왔을 때엔, 그래도 이 집이 평온했음을 깨달아 그리하여 뭔가 달라지지 않았을까 하는 기대감이 있었다. 그 기대감이 망상이란 걸 아는 데엔 오래 걸리지 않았다.

"열흘 후엔 그럼 어떻게 할 생각이니?"

"아는 친구가 방 잡아준다고 했어요. 서울은 아니고 인천 쪽인데, 원룸 잡아줄 것 같아요."

"그 친구가 누군데?"

"제 남자친구요."

"걔는 몇 살이야?"

"어려요. 저보다 두 살 더. 그럼 열 다섯이네."

"열 다섯 살이 원룸 잡아준다고?"

"걔네 아빠가 해준다고 했대요. 방도 보러 다닌대요. 걔도 알바하면서 돈 잘 벌어요."

유미는 상황이 전과 다르다고 얘기하려 애썼지만, 기가 찼다. 어느 아빠가 그런 식으로 방을 잡아준단 말인가. 보나마나 여자애 홀리려고 잔뜩 허풍을 떨었을 게다. 여자 꼬시기 위해 수컷들이 어디까지 허풍을 떨 수 있는지는, 수컷인 내가 잘 안다.

"진짜로 방을 얻을 수 있다고 믿니?"

어느 날 유미와 나영이가 TV와 컴퓨터를 쓰고 있을 때, 나는 거실로 나와 은비에게 물었다.

"유미가 된다니까, 그런가 보죠."

"상식적으로 그게 말이 돼?"

"안 되죠."

"그럼 어떻게 하려구? 내가 봤을 땐 이게 가능할 리가 없어."

"방법이 없잖아요. 안되면 또 터미날에서 자든지."

"… 정말 집으로 돌아갈 생각은 없는 거야?"

은비는 잠시 가만히 있더니 말을 꺼냈다.

"저는 가도 되는데, 쟤네들은 못 가요. 눈칫밥 먹는다고. 또 금방 나올 거에요."

"그럼 넌 왜 안 들어가고 사서 고생을 하는데?"

"쟤들 들어갈 데 있으면 갈 거에요. 근데 혼자는 싫어요."

이것도 의리에 속하나. 애들 고생하는데 나만 집에 있기는 싫다는 생각. 하긴 상황이 다르다 뿐이지 나도 저 나이 때엔 그랬다. 친구들과의 우정은 정말 소중했고, 부모가 거기에 간섭하는 걸 싫어했다. 다행히 나의 경우엔, 그 친구들과의 어울림이 부모의 기대치에서 많이 벗어나지 않았으니까, 어쨌든 성적이 좋았으니까 괜찮았을 뿐이다.

십대 청소년의 감성. 학교에 다니든 안 다니든, 별의별 경험을 했든 안했든 애들은 애들이다.

그걸 새삼 알게 해준 사례도 있었다. 어느 날 둘이 컴퓨터를 하며 말을 나누던 때였다. 무슨 맥락에서 말이 나왔는지는 기억이 나지 않지만.

"야. 여자들도 자꾸 하면 좋아하는 거 맞지."

"뭐야. 뭘 자꾸 해."

"있잖아, 여자들도 자꾸 하다 보면 그거 즐긴대. 좋아가지구 자꾸 하게 된다고. 근데 그럼 걸레 되는 거야? 그게 걸레야?"

예전에 아이들은 싸이월드에서 걸레년이라고 써놓은 걸 보고 무진장 화냈던 적이 있었다. 정작 아이들은 그게 무슨 뜻으로 통용되는지를 몰랐다. 그리고 여자들이 즐긴다는 게 뭔지도 이해하지 못하고 있었다. 지금까지 아이들이 했던 수군거림과 행실을 감안할 때, 나는 어째서 저런 말을 하는지 처음엔 이해하지 못했었다. 즐기는 건 당연한 거 아닌가? 그렇지 않고서야 왜 남자랑…

그제서야 알았다. 그리고 아이들이 왜 나를 경계했는지도. 나 역시 남자들의 인식, 그리고 원조교제 하는 아이들에 대한 선입견이 있었다. 나는 아이들을 좋아했지만 역시 보통 집에서 얌전히 공부하는 아이들과는 다르게 '헤프게 놀 것'이라고 봤던 거다. 그러나 아이들은 헤프다는 게 뭔지도 모른다. 별의별 경험을 벌써 겪었지만 정작 여자들이 뭐가 좋아 그걸 하는지 모른다. 남자애들이 그 무렵에 거시기에 손이 가면서 진짜는 무슨 느낌일까 궁금해하는 것처럼, 이 여자애들도 그게 뭔지를 모르고 있긴 마찬가지였다. 아마도, 진짜 사랑하는 사람과 만난 적이 없었으니까 그럴 것이다.

"우리 때는요, 사랑이 아니라 그냥 감정적인 충동이래요."

은비와 나영이에게 남자친구 있느냐고 물어봤던 때였다. 은비는 있었고, 나영이는 얼마 전에 헤어졌다고 했다. 보기 드물게 유식한 말이 나왔었다.

"그렇겠지. 만약에 남자가 진짜 너를 사랑한다면, 너가 이렇게 떠돌아다니는 걸 그냥 놔두지 않을 걸. 그리고 너희 또래의 남자애들은 그렇게 할 수도 없겠지만, 대개 그 정도 생각이 돌아가지도 않아. 나도 그때엔 한 마리 원숭이 같았거든."

"진짜요?"

"어. 그럼."

"그럼 어떻게 해서 변하는 거에요? 오빠는 안 그러잖아
요."

"… 나도 딴데 가선 얼마든지 그래. 니네는 미성년자잖
아."

"또 그놈의 미성년자."

"그러니까 공부를 해야 된단 말이야. 공부하면 생각도 바
뀔 것이고 또…"

"그럼 그러지도 못할 거면서 남자애들이 왜 사귀자고 하는
거에요?"

"뭐 이유야 뻔하지 않냐?"

"… 야한 짓 하려고?"

"그렇지 뭐. 안 그러면 또 남자가 아니구."

"거봐, 그렇다니까."

18세 소녀들. 어리석음 때문에 고생을 자초하고 편견의 대
상이 되었지만, 외로움을 죽기보다 싫어하고 이성에 호기심
이 싹트는 건 다른 아이들과 다를 게 없었다. 법적으로가 아
니라, 정말로 미성년자인 것이다. 관심과 사랑이 필요한 아
이들, 관공서의 표어 같은 그 말이 틀린 게 아니었다.

평온함에서 뭔가 배우리란 내 기대감이 엇나간 건, 이 아이들이 진짜 '애들'이기 때문이었다. 나는 이 애들을 맡을 책무가 없지만 설사 주어진다고 해도 그럴 능력이 없다. 이기심은 되살아나 나를 화나게 만들테고 권력과 본능의 유혹은 순식간에 사람을 지배한다. 체험했기 때문에 안다. 설사 쉼터 같은 곳이 내키지 않더라도 사회의 힘을 빌리지 않을 수 없는 것이다. 그것을 확실히 알게 된 것이 이전과 다른 점이었다.

그리고 예전과 다른 또다른 점은 유미였다. 유미는 첫날부터 새벽에 몰래 문을 열고 밖에 나갔다. 처음엔 친구를 만난다고, 다음엔 남자친구를 만난다고 들어오지 않았다. 나갈 때는 아이들과 얘기 좀 할게 있다고 했지만 말이다.

유미는 정말 이 집을 숙소 자체로써 이용했다. 솔직히, 꼴사나웠다. 집에서 밥을 먹고는, 보일러를 틀어 샤워를 하고, 드라이기와 고데기(갖고 다녔다)로 머리를 단장한 후 화장을 하곤 남자친구를 만나러 나갔다. 새벽에 나가 다음날 오후에 들어와서는 찜질방에서 잤다고 했다.

이 집에 온 후 은비나 나영이의 태도는 꽤 바뀌었다. 유미가 아니었다면 아이들과의 생활이 좀더 길어졌을지도 모른다. 나가서 고생하는 게 싫다는 걸 알 수 있었다. 어쩌면 잘 설득시켜 은비는 집에 돌려보내고, 나영이가 그게 어렵다면 복지사에게 데려가 있을 곳을 찾아주고 자주 밥이라도 사주며 아이들이 변화할 시간을 벌 수 있을 거라는 생각도 했다. 그럴 곳이 있는지는 둘째치고 말이다.

하지만 유미의 행동은 어떻게 통제할 수가 없었다. 유미는 결국 나가던 날까지 하루도 빼지 않고 새벽에 나갔다. 여러 이유가 있을 수 있지만, 한 가지는 확실했다. 유미는 내 말을 들으려 하거나 뭔가를 바꾸고 싶은 생각이 없었다. 화도 냈고, 합리적으로 따져 문단속의 문제로 설득해보려 했지만 결국은 실패했다. 묶어놓지 않는 이상엔 자는 도중에 나가버리는 걸 막을 방법이 없었다. 그리고 나갈 때마다 친구들을 꼭 데리고 나갔다. 안 나가겠다는 친구를 두세 시간이고 어르고 치대어, 한 시간만에 꼭 돌아오겠다는 약속을 하고는, 친구만 돌아오고 자신은 날이 밝을 때까지 돌아오지 않았다.

4일째 지났을 때부터 나는 유미에게 얘기하는 걸 포기했다. 이때쯤 나는 유미에 대해 평정심을 잃었다. 개인적인 이유도 하나 있었다. 유미가 들어오지 않던 날, 나는 어렵사리 가불을 해 온 참이었다. 전날에 돈이 없어서 김치 말고는 반찬이 없는 꼴을 보았기 때문이다. 그래서 유미가 휑하니 나가버린 상황을 보곤 더 마음을 다잡을 수 없었던 것 같다. 그날부터 유미를 마음 속에서 쳐내지 않고서는 제대로 된 행동을 할 수가 없었다. 아이들을 예전처럼 대할 것인가? 아니면 이제 조금씩 기미가 보이는 은비와 나영이에게 더 관심을 기울이고 이쪽 세계로 끌어들일 것인가? 어느 쪽이 올바른 권력 행사인가?

판단을 해야 했다. 만약 은비나 나영이에게서 어떤 대답을 들을 수 있다면, 그것만으로도 명분은 족했다. 사실 아이들이 두 번째 왔을 때엔, 몇몇 지인들에게 집에 아이들이 있다는 얘기를 해두었었다. 상담의 목적도 있었지만 본분은 나 자신에 대한 감시였다. 지인들은 모두 내가 위험해질 수 있다고 경고했다. 자의든 타의든 간에. 그와 동시에 어떻게든 도울 방법이 있다면 돕고 싶다는 말도 해주었다. 아이들을 실제 체험하진 않았지만 마음이야 나와 다르지 않았을 것이다.

그러나 본인이 원하지 않는다면, 누구도 도와줄 수 없다. 만약 내가 아이를 억지로 눌러 앉히거나 어디로 보내버린다면, 그건 폭력과 다름없고, 결국은 다시 거리로 나와버릴 것이다. 정작 이후에 도움을 청할 마음이 생기더라도 다시 연결되진 않을 것이다. 강제는 현명한 선택이 아니다.

나는 마음을 다졌다. 그리고 어떤 결론을 얻을 것인가도 알고 있었다.

은비에게는 이미 물어봤었고, 사실 꽤 여러 차례 에둘러 얘기를 했었다. 결과는 같았다. 그건 나영이도 마찬가지였다. 나는 은비를 좋아했고, 이 집에 있으면서 유미와 다툼이 많았다는 것도 알고 있었다. 그래도 은비와 나영이는 친구를 떠나고 싶지 않아했다.

마음을 정하고 나서 나는 급작스럽게 친척이 올라오신다는 전갈을 받았다고 전했다. 사흘 후에 오시니 그 전에 방을 비워야 한다고. 당연히 거짓말이다. 아마 눈치채지 않았을까, 그런 생각도 든다. 유미는 방을 알아봐준다던 남자친구에게 급하게 연락을 취했다. 장시간의 통화를 통해, 유미는 이 남자애가 아무 것도 알아보지 않았다는 사실을 알게 됐고, 하루 여유를 주어도 아무 진전이 없자 남자친구와 헤어져 버렸다. 이틀이 지난 뒤 새 남자친구를 만들긴 했지만.

어쨌든 떠나는 날까지 아이들은 새 숙소를 마련하지 못했다. 그래도 어쩔 수 없다. 어차피 시간이 더 흘러도 마찬가지일 것이다. 아이들은 인사를 하고 집을 떠났다. 아이들을 다시 보게 될 거란 생각은 들었지만, 이 집에서의 인연은 이제 다했다는 느낌이 들었다.

1423. 글을 쓰면서 나는 이 숫자를 떠올렸다. '기승전결'을 1234의 숫자로 바꾼다고 하면, 나는 아이들과 있던 이 기간의 사건들이 마치 '기결승전'의 순서가 아닌가, 그렇게 생각이 들었다. 시작이 있고 끝이 뻔한 상태에서, 숱한 사건들이 전개되고 또 해소되었다. 어차피 아이들은 내보내야 했다. 하지만 정말 중요한 건 결론이 아니라 그것이 어떤 식으로 유도되는가에 있지 않은가? 내가 아이들을 내보내야 하는, 아이들과 거리를 두어야 하는 합당한 이유가 무엇인가, 난 그걸 말하고 싶었다.

나 역시 그냥 보통 사람들 중의 하나고, 아이들은 쉼터로 가야 한다는 '결론'에 힘입어 가출청소년을 재단했었다. 하지만 옳은 결론이, 어떤 행동을 해야 하는 이유 자체는 아니다. 그렇게 되면 폭력은 옳지 않으므로 시위자들은 잡아들여도 된다는 논리가 성립된다. 그리고 그 논리로는 시위의 이유를 해결할 수 없다.

나의 결론도 뻔했다. 가출청소년은 사회에서 책임져야 한다. 그 결론이 어떻게 도출되는지, 그 과정에 설득력이 있는지를 보여주기 위해서 나는 이 글을 썼다. 당시에도 그랬지만 이 글을 쓰는 중에도, 나는 스스로 무력하다는 생각을 지울 수 없었다. 경제력도 없었고, 성품으로도 아이들을 끌어들이지 못했다. 결과적으로 아이들은 다시 예전으로 돌아가 버렸다.

그 무력감에 결정타를 날린 건 바로 '사회'였다.

아이들이 나가고 일주일쯤 뒤, 밤 12시가 넘어 다시 유미에게서 예전과 같은 문자를 받았다. 하루만 재워달라고. 근처 고시원을 잡으려 했는데, 갑자기 방값을 높게 부른다는 거였다.

난 거짓말을 할 필요가 없었다. 집중 호우로 천장에서 물이 샜고, 누전 위험이 있었다. 그래서 집주인과 공사 인부들이 아침부터 집에 드나드는 상황이었다. 그래서 나는 밖으로 나가 아이들을 만났다. 다들 긴 머리 가발을 뒤집어 쓰고 있었다. 고시원에 들어가려고 일부러 나이든 티를 내려 했다는 것이다. 나는 돈을 좀 주고는, 정 고시원을 잡을 수 없으면 근처 모텔에라도 가서 자라고 말했다. 유미와 나영이는 저희들끼리 말할 게 있다면서 골목으로 들어갔다. 은비만 남겨둔 채.

나는 은비에게 다시 예전의 레퍼토리를 꺼냈다.

"… 그 얘기잖아요. 근본적 해결이 안 된다는 거."

은비는 전에 했던 말을 기억하고 있었다.

“그래. 알바해서 고시원 방값을 해결 못한다는 거 알잖아. 쫓겨난 적도 있었고, 치한이 문 열고 들어오려고도 했다면서. 너희가 성년이 되면 부동산 계약할 수 있으니까, 정 나오고 싶으면 그때 나오라고. 쉼터든 어디든 견뎌야 돼.”

“쉼터는 가기 싫어요. 말했잖아요.”

“만약에, 나쁜 애들 없고, 좀 편안한 쉼터가 있다면 갈 거냐?”

“그럼요. 우리 바라는 거 별로 없어요. 먹고 자고만 할 수 있으면 좋겠어요.”

“… 그러면 내가 한번 알아볼게. 좀 버텨봐. 어쨌든 알아볼 테니.”

“근데요, 제 생각엔 그런 데 없을 거에요.”

나는 은비의 말을 부정했다. 그런 데가 꼭 있을 거라고 믿었다.

인터넷에서 쉼터나 청소년 보호소를 찾아보면 여러 곳이 검색된다. 그 중 대부분은 단기이며, 한 달 정도의 서비스를 제공한다. 하지만 대기자가 많기 때문에 즉시 들어갈 수 없으며 대개 1주일에서 열흘 정도면 다시 나와야 한다.

이것 말고 장기 쉼터도 있다. 하지만 단기든 장기든, 10명 이상을 받는 쉼터는 아주 드물다. 정부 시설이든 사립 시설이든. 그래도 인터넷에 나온 게 다는 아닐 테니, 한번 상담을 받아보기로 했다.

나는 구청 청소년복지과를 찾아갔다. 담당자들은 다들 행사 때문에 출타 중이었고, 과장이나 계장쯤 되는 소위 '윗사람'만 있었다. 그는 관할 구역에 쉼터가 없다는 얘기를 되풀이했다. 그럼 어디에 가봐야 하는지를 물었지만 그는 줄곧 입맛만 다셨다. 괜히 쉼터 현황 자료 같은 것만 뒤적이면서. 그에겐 '여긴 없다'는 말밖에 들을 게 없었다.

20분쯤 그렇게 있었을까. 담당자가 마침 돌아와서, 사정 얘기를 듣고는 청소년 상담사와 얘기해보는 게 낫다고 권해주었다. 안 그래도 그럴 참이었다. 담당자는 해당 청소년 수련원의 위치와 상담사 이름을 가르쳐주었다.

상담사를 만나려면 원래 예약을 해야 한다. 무슨 일을 하는 중일지 모르니 말이다. 다행히 내가 간 시간에 상담사는 자리에 있었다. 30살쯤으로 보이는 여자였다.

그녀는 내가 무슨 얘기를 하는지 금방 알아챘다.

"장기 쉼터에 가기 위해서는, 보호자에게 돌아갈 수 없다는 객관적 입증이 필요해요. 가령 저희에게 아이들을 데려다주면, 저희는 경찰에게 연락하게 되어 있고, 경찰은 부모를 호출합니다. 그런 식으로 보호자에게 인계하는 거죠."

"그럼 다른 말로 하면, 객관적 입증이란 게 폭행이나 성추

행 같은 범죄를 얘기하는 걸 텐데, 그런 위험이 없다고 하면 장기 쉼터에 갈 수 없다는 말이겠군요?”

“그렇다고 볼 수 있죠. 보호자에게 인계가 안 되는 경우, 우선 단기 쉼터에 데려가고, 거기서 그런 입증 절차를 거쳐서 장기 쉼터로 가게 되거든요.”

“제가 찾아보기로는 쉼터의 수용인원이 10명이 채 되지 않던데요. 그렇다면 제가 말씀 드린 경우, 아이들 보호자가 어쨌든 있고, 게다가 부정기적으로 연락도 하는 것 같은데…”

“아이들이 집하고 연락을 하나요?”

“예. 전화비도 내주고, 뭐 언제 한번 보자는 식으로 통화하는 것도 들었고요. 부모 입장에서도 다급하게 찾는다거나 그런 상황이 아니죠. 어쨌든 그럼 장기는 힘들겠죠?”

“힘들 거로 봐요.”

“애들이 갔던 데는 그럼 단기 쉼터일 텐데, 거기서 1주일 있으면 나와야 되고, 나쁜 애들한테 물들까봐 안 간단 얘기를 들었어요. 애들 말이 사실일까요?”

“… 그럴 수 있어요.”

“들어오려는 애들이 줄 서 있다는 얘기도 맞나요?”

“그것도 그래요.”

“그럼 이 아이들이 바라는 그런 쉼터는 사실상 찾기 힘들겠네요?"

"그렇죠."

맥이 풀렸다.

"… 어쨌든 아이들을 돕고 싶으시다면, 이쪽 상담시설에 데리고 오셔서 보호자 인계시키는 것밖에 방법이 없어요."

"하지만 애들은 결국 다시 나오고 말텐데요. 부모도 딱히 붙잡아두려고 조바심내지도 않는데."

"본인께서 위험할 수 있어요. 애들 원조교제 한다고 그러셨잖아요. 그것도 그렇고요. 우선적으로 절대로 집에 들이지 말아야 돼요. 그랬다가 문제 소지가 생기면, 부모들도 그렇고, 굉장히 안 좋아질 수가 있어요."

경험에서 나온 얘기 같았다. 부모 중에도 이상한 사람들 있었을 것이다. 만약 의도적으로 엮으려 든다면, 내가 남자든 여자든 상관없이 골치 아프게 되겠지.

"… 그래서 방법이 없다는 거에요. 개인적으로 하실 수 있는 게. 밖에서 밥 한번 사준다면야 가능하겠지만, 더 개입해서 좋을 게 없어요. 보호자나 기관에 넘기셔야 돼요."

"애들이 오려고 하지 않을 텐데요."

"명함을 드릴게요. 애들보고 여기 사무실로 연락하라고 하세요. 우선 상담이라도 받게 하세요. 여기선 취업 교육 같은 것도 무료로 해줘요.”

　하지만 이 지역엔 쉼터가 없다. 아까의 공무원이 연실 강조했던 대로. 아이들이 쉼터에 갔었다고 하면 이런 상담도 거쳤을 것이다. 이 명함이 새삼스럽게 반갑지는 않으리라.
　상담사는 아주 친절하게 상담에 응해주었다. 어쩌면 나 같은 경우를 많이 봐왔는지도, 그 실패를 숱하게 경험했는지도 모른다. 그러니 피해를 자초하지 마라, 내게는 상담사의 말이 그렇게 들렸다.
　그 이후에 아이들과 다시 연락한 적은 없다. 내가 먼저 연락하는 건 부질없는 짓, 아이들이 나를 필요로 한다면 다시 연락이 올 것이다. 하지만 그땐 뭐라고 얘기해야 할까. 이 무력감은 어떻게 극복해야 할까. 그저 너희들 책임이니 알아서 해야 한다고 그래야 되나. 그 무책임한 소리를.
　1423. 고민은 아직도 전개 중이다.
　비가 오는 날이면, 나는 비를 홀딱 맞고 걸어가는 아이들의 모습이 연상된다. 사람 많은 데를 지나노라면, 예전엔 알아채지 못했던 가출 소녀들의 모습을 이제는 금방 알아볼 수 있다. 짙은 아이라인, 떡칠한 화장, 낡은 옷차림 하나하나가 유미, 은비, 나영이로 보인다. 철모르는 아이들. 진짜 사랑하는 사람이 생기면 지금의 생활이 어떤 회한으로 올지 모르는 아이들. 내가 무슨 말을 하는지 이해하지 못하는 아이들.

그리고 사회가 생까고 있는 아이들.

이제 묻고 싶다. 나는 어떻게 하는 게 옳을까. 아니, 어떻게 할 수나 있을까.

아이들이란 그런 거다. 난 유미가 하는 짓이 정말 싫고 미웠지만, 그애가 밉지는 않다. 여러분들도 가출청소년을 만나면, 물론 그녀석들 하는 짓이 마음에 안 들겠지만, 그것 또한 애들의 천진난만함이란 걸 곧 알아차릴 수 있을 거다. 상황만 조금 달랐다면, 연예인 수다나 떨고 아이스크림 홀짝이며 다니는 보통 애들처럼 살았을 거다.

그러니 바라건대, 애들 생까지 마시라. 돈을 주란 소리도, 나처럼 데려가란 얘기도 아니다. 진짜로 그 순간에 도움을 줄 마음이 있다면, 꼰대 소리라도 좋으니, 그 마음을 표현해주시라. 이 글을 읽고서 그런 마음에 조금이라도 동조한다면, 내 글의 일차 목적은 달성된 거다. 도움을 얻고자 한 아이는 분명 도움을 얻을 것이라고, 그렇게 믿고 있다.

그리고 이 글을 쓴 또 하나의 목적, 그건 돈이다. 난 원고

료가 필요했다. 아이들을 만나면 맛있는 걸 사주고 싶었다. 어느 날 뭐가 먹고 싶냐고 물었더니, 나영이가 회 먹고 싶다고 했었다. 그때 내 수중에 2만 원 있었다. 9900원짜리 회 파는 데 없나 한참을 돌아다녔는데 없었다. 정작 우리 집 바로 앞에 횟집이 두 군데가 있었는데, 다들 2만 원은 훌쩍 넘었다. 그 처참한 기분, 알 사람은 알 거다. 돈이 생기면 반드시 맛있는 모듬회를 사주고야 말겠다고 그때 다짐했었다. 돈 밝힌다고 욕하지 마시라.

읽어주신 분들께 감사드린다. 어쨌든, 아이들이 잘되기를 빌어 주시길.

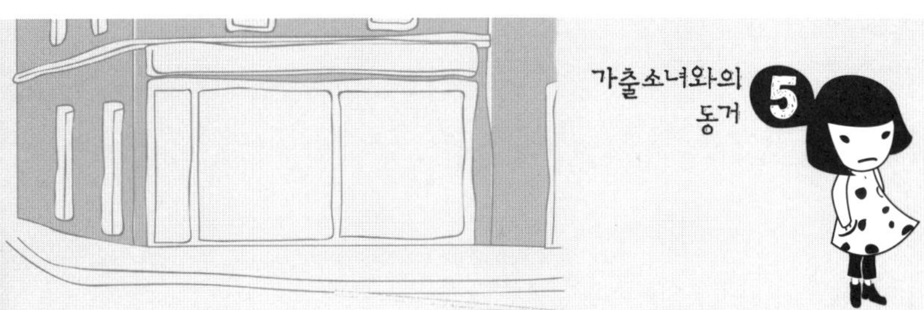

나영이와
영화보기

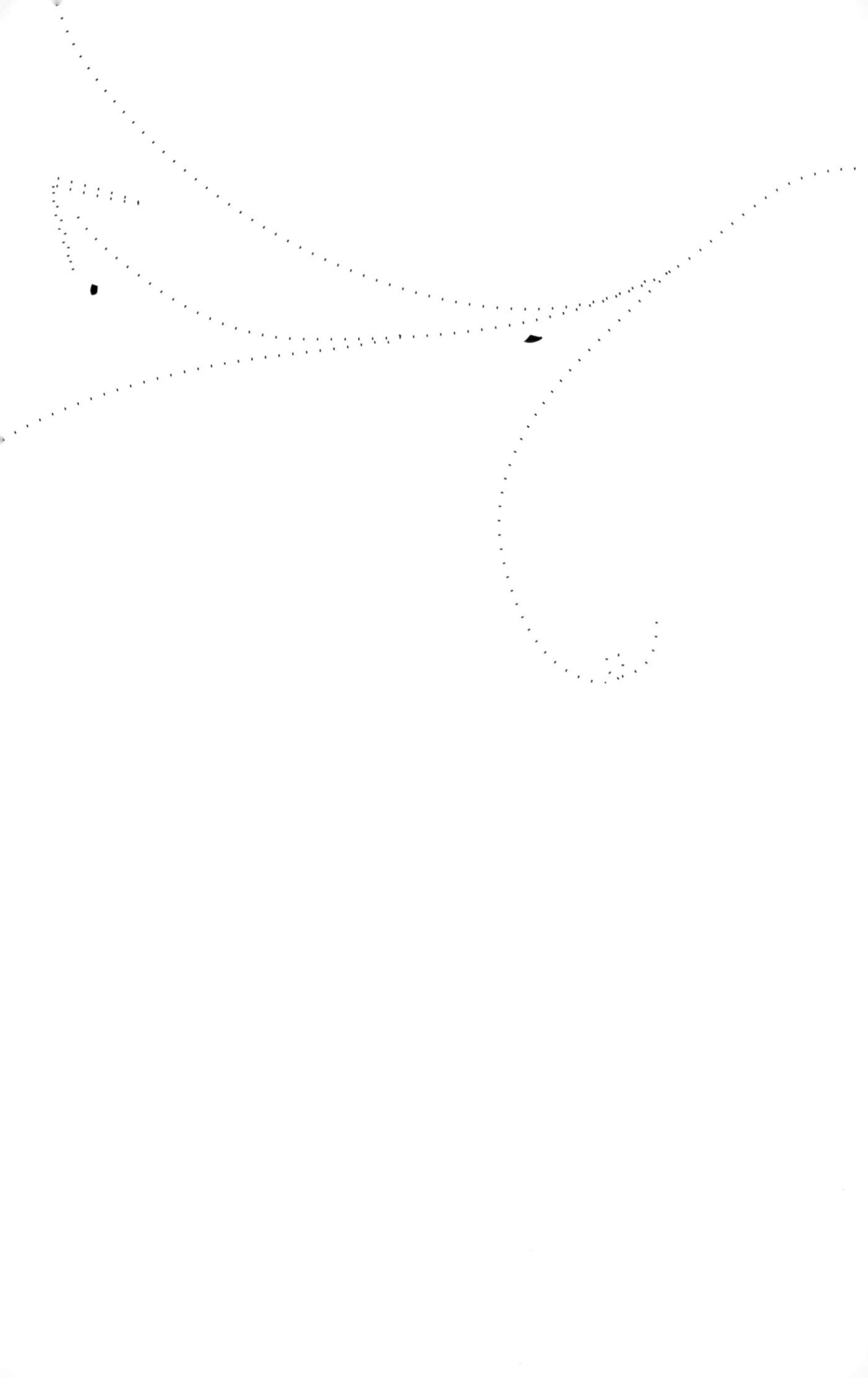

"영화 보러 가지 않을래?"

내 말에 나영이가 무덤덤하게 대꾸했다.
"무슨 영화요?"
"〈전우치〉란 영환데…"
"그런 영화도 있어요? 재밌어요?"
"그럴 거 같으니까 보는 거지."
"알았어요. 근데 먼데 가지 마요."

나영이가 쿨하게 수락을 했다. 나영이는 맺고 끊는 게 확실하다. 좋다 아니면 싫다. 어정쩡하지 않다. 그 영화를 봐야만 하는 그럴 듯한 이유를 꼭 찾아내야 하는 나 같은 사람과 다르다.

나영이가 고민하는 것들은 훨씬 현실적이다. 근처 영화관보다는 디지털 프로젝터 상영관이 있는 용산 CGV로 가자는

데 합의하고 나서는, 나영이는 대체 무슨 옷을 입고 나가야 할까 고민하기 시작했다. 그래봤자 뻔하지만. 검은 색 옷이라면 무조건 좋아하는 나영이는 검은 색 폴라티에 어울릴 적당한 바지가 없다고 늘 툴툴댔다. 그렇지만 정작 코트에 묻은 화장 얼룩과 떡볶이 자국을 지울 생각은 하지 않았다. 나영이가 보기에, 그런 건 '간지'와 무관하기 때문이다. 하여 끈끈이와 물티슈로 얼룩을 지워주는 일은 언제나 내 몫이었다.

나영이가 이 집에 자주 들락거리게 된 이후, 나는 조금 돈이 생겼을 때 몇 벌의 옷가지를 사주긴 했지만, 그것만으로 18세 소녀의 멋부림 욕망을 채워주긴 어려웠다. 나영이는 나에게 옷을 사달라고 조른 적이 없다. 같은 옷을 너무 자주 입는 게 좀 그래서, 할인매장의 옷을 사다 주었을 뿐이다. 자기가 사달라고 하지 않았기 때문에, 그저 선물로 준 것이기 때문에 나영이의 평가는 보다 냉혹할 수 있었다. 뛸 듯이 기뻐하며 반겼던 운동화가 있었지만, 한번 거울에 비춰보고는 다신 꺼내지 않은 셔츠도 있었다.

숏을 할 때엔 리바운드를 감안하지 말아야 한다. 링에 꽂히는 것만 떠올린다. 기대대로 되지 않은 걸 자꾸 생각하면 감정만 상한다. 그게 나영이에게 뭔가 사주었을 때 얻은 가르침이다.

영화를 볼 때도 마찬가지다. IPTV에 있는 무료 영화 목록

에서 〈미녀 삼총사〉를 골라 나영이에게 추천했을 때, 나영이
의 물음은 간단했다.

"재미 있어요?"

나도 어느새 적응이 됐다. 간단한 물음엔 간단한 답.
"재미 있어."

예전 같으면 주인공이 누구 누구이고 옛날 미국 드라마가
어쩌고를 한참 떠들었을 나다. 사전 지식 따위는 나영이에겐
중요하지 않다. 나를 즐겁게 하는가 아닌가만 따지면 된다.
다행히 나영이는 〈미녀 삼총사〉를 미치도록 좋아했다. 특
히 딜런 역으로 나온 드류 배리모어의 이름을 캐묻고는, 무
슨 영화 나왔느냐 물어보길래 한참을 설명해줘야 했다. 기분
좋은 일이었다. 뭔가를 알아가고, 관심을 가지고 지식을 넓
혀간다는 건. 교실 책상에서 그럴 기회를 갖지 못했다면 다
른 기회를 만들어주어야 한다, 그게 내가 나영이를 계속 마
주하고 있는 중요한 이유다.
버스를 타고 용산으로 향한다. 나영이는 티머니 카드가 버
스와 지하철 환승이 되며 요금이 할인된다는 사실을 알지 못
했다. 그래서 티머니 카드를 하나 사주었는데, 얼마 안 가 잃
어버렸다. 내 카드로 두 명 요금을 계산한다. 밖에 나갈 땐

아이라인과 마스카라를 빼먹지 않는 나영이의 화장술 때문
에 별 수 없이 '어른 두 명'을 부른다.

"저 미성년자잖아요?"

"그럼 니 얼굴보고 미성년자라 그러겠냐."

"헐. 저 그렇게 삭았어요? 화장 하면 삭아 보여요?"

"당연하지."

"애들이 저 동안이라 그랬는데."

18세에 동안이란 말이 어울리기나 하는지 모르겠다.

"그러니까 화장 안하고 나가는 게 낫겠지?"

"… 그건 안돼요."

"왜?"

"찐따 같아요."

여기서 말하는 '찐따' 가, 간지나지 않는 상태를 뜻함을 나
는 한참 걸려서 알았다.

나영이가 다시 돌아온 건, 유미 은비들과 헤어졌기 때문이
었다. 아이들이 나가고 두 달쯤 흐른 어느 날 밤, 나영이는

불쑥 찾아와 초인종을 눌렀다. 나영이는 고시원에서 지내던 유미 은비가 자길 따돌리고 딴 애랑 친해졌다고 불평을 해댔다. 한참 친구들 욕지거리를 하곤, 나영이는 다시 친구들에게 돌아가지 않을 거라며, 딱 사흘만 있게 해달라고 말했다. 그날은 이미 밤이 늦어 대중교통이 끊긴 상태였다. 일단 그날은 재워주었지만, 난 더 이상 고민하지 않았다.

다음날 나는 나영이에게 꽤나 오래 훈계를 했다. 아무리 있기 싫고 힘들어도, 집에 돌아가지 않는다면 난 아무것도 도와줄 수 없다고 말이다. 공부를 가르쳐주고 싶어도 일단은 집에서 그 사실을 알고 있어야 하고, 제일 좋은 상황이라면 숙식은 일단 집에서 하면서 뭔가를 하는 상황이라고 말이다.

그전에는 일대일로 오래 얘기해본 적이 없던 나영이였다. 얘기를 하면서 나 스스로도 이 뻔한 원칙성 이야기가 먹힐까 근심을 했는데, 의외로, 나영이는 그때 순순히 내 말을 받아들였다.

"알았어요. 오빠 말대로 할게요. 집에 들어갈게요."

"정말? 아빠한테 전화 할거니?"

"할게요."

나영이는 정말로 공중전화로 가서 아버지에게 전화를 걸고, 집 앞에서 만나자는 약속을 했다.

그때 내 심정이라면, 보람에 차서 뿌듯하다, 문자 그대로 그거였다. 적어도 한 명은 제대로 되는구나, 이제껏 별의별 고민에 힘들었던 게 헛되지 않았다는 생각을 했다. 나는 나영이에게 맛난 점심을 사주고, 차비도 쥐어주며 떠나 보냈었다.

사실 좀 허전한 느낌도 들었다. 아이들이 떠나고 난 후, 그 재잘대던 소리들이 사라진 후 나는 또다시 적막한 일상으로 돌아왔었다. 그게 꼭 좋지만은 않았다. 아이들에게 보여주기 위해서라도 하던 글쓰기, 청소, 밥짓기를 더 이상 하지 않으면서, 나는 꽤나 나태한 느낌을 받았다. 이전엔 똑같은 생활을 하면서도 그런 생각은 들지 않았었는데. 그래서 혹시나 아이들이 다시 찾아오지 않을까 하는 기대가 슬며시 생겨나기도 했다.

물론 그런 기대를 가졌다고 해서 행동이 달라질 건 없다. 나영이를 집으로 돌려보내는 건 당연한 일이었다. 미묘한 감정들이 교차했지만, 이제 다시 못볼 수도 있겠다는 아쉬움 정도는 가질 수 있다고 생각했다.

그랬던 건 딱 하루다. 나영이가 집으로 돌아간 다음날, 아침 10시에 나영이는 다시 날 찾아왔다. 아이라인이 팬더마냥 번진 채로.

"뭐야? 어떻게 된 거야? 집에 안 갔어?"

"갔어요."

“근데?”

“아빠랑 만나서요. 집에 갔는데 새엄마가 저보고 왜 들어오냐고 그래요. 그래서 아빠랑 새엄마랑 문 앞에서 싸웠어요. 안되겠어서 전 그냥 가겠다고 하고 PC방에서 밤샜어요. 좀 졸다가 여기 온 거에요. 자고 싶은데 갈 데가 없어요.”

난 말문이 막혔다. 거의 입을 벌린 채로 할 말을 잊었던 것 같다.

내가 별종이라고 하면 인정할 수 있다. 생판 모르는 애들 재워준 이야기, 딴지일보에 실리고 나서 보았던 그 수많은 댓글을 보면, 확실히 그 상황에서 내가 취한 행동은 소수에 속하는 것이었다. 하지만 내가 아는 사회와 사람들의 일반적인 룰에서, 부모가 아이에게 이런 행동을 한다는 건, 별종을 넘어서 정말 상상 밖의 짓이었다. 피 한 방울 안 섞인 내가 정말 어렵사리 아이를 집에 돌려보냈단 말이다. 근데 부모가 그걸 문전에서 박차?

“새엄마가 왜 그러는 건데?”

“제가 잘못해서 그러죠.”

“뭘 잘못했길래?”

“새엄마도 첨엔 잘해줬어요. 근데 제가 자꾸 사고치고 다니고, 집에 안 들어오고, 용돈도 훔치고…”

"지갑에 손 댔어?"

"용돈을 안 줘서요. 근데 그건 새엄마 잘못 아니에요. 제가 사고쳐서 속상해서 그래요."

"그래서 사이가 안 좋아졌어?"

"집 나올 때쯤엔 얼굴도 안 보고, 밥도 안 차려주고 그랬어요. 근데 집 나오고 나서도, 집에 다시 들어갈 때마다 제가 사고 치니까 인젠 안 믿어줘요."

"뭔 사고를 쳤길래 그러냐."

"용돈 훔치고, 술 먹고, 담배 피고, 집에 안 들어가고… 안 그런다 맹세하고선 또 그러고…"

새엄마가 나영이를 꺼려하게 된 구체적인 가정 상황을 여기 세세하게 쓰기는 어렵다. 보아하니 아버지는 경제 능력이 그닥 없었고, 새엄마가 경제권을 쥐고 있는 상황이었다. 때문에 아버지가 제 목소리를 못 내는 거다. 친엄마가 따로 있지만, 없는 처지는 비슷한 모양이다.

결혼도 안 했고 아이도 키워본 적이 없는 나로서는, 어느 정도의 말썽을 피워야 자식을 팽개쳐놓을 수 있는 건지, 최소한의 숙식 보장을 해주지 않을 수 있는 건지 감이 오질 않았다. 나영이에게 잘못이 있는 건 분명하다. 하지만 이야기를 들어보니, 나영이는 초등학교 때 할머니와 같이 살았고,

할머니가 세상을 뜬 후에야 아버지와 같이 살았다. 그리고 얼마 안가 나영이는 질 나쁜 아이들과 어울리게 됐다. 상당히 오랜 시간 동안 나영이는 어른의 보살핌을 받지 못한 거다.

내가 나영이의 집안을 놓고 왈가왈부할 자격은 없다. 나영이는 그럼 어쩌면 좋은가. 부모가 외면하고, 가출한 또래들과 헤어져 여기만 의지하고 찾아온 나영이를 나는 물리치지 못했다.

여전히 풀리지 않는 숙제—어떻게 하면 나영이가 제대로 된 곳에서 살 수 있을까—를 놓고 고민을 하노라면, 나영이가 불쑥 말을 건다.

"오빠, 멍 때려요?"

"아니야. 창밖 보느라고."

"아아."

그리고 나영이는 다시 똑바로 앉았다. 버스 뒷자리, 나와 나영이는 나란히 앉아있다. 처음엔 사람들이 어떻게 볼까 신경이 쓰였다. 나영이는 늘 사람들이 자길 쪼개본다고 툴툴거렸고. 이제는 서로 무던해졌다. 둘 사이를 어떤 틀로 정의하려고 들기보다는, 어떤 관계가 맺어지는가가 중요하다고, 그렇게 생각하고 있다. 거기에 비하면 남의 시선은 아주 사소한 문제다.

버스가 용산에 도착했다. 정류장에 내리면 용산 철거민 참사가 일어났던 건물이 한눈에 들어온다. 흐린 날씨에 회색 건물, 그 앞 도로변에 닭장차는 늘 주차돼 있다. 눈에 보이지 않는 보호막이라도 두른 듯, 사람들의 시선은 잠시 그곳에 향했다가 퉁겨 나온다.

"저기 왜 짭새가 있는 거에요?"

"짭새가 아니라 경찰."

"아무튼요."

"저기서 사람들이 죽었는데, 제대로 조사도 안하고 합의도 안돼서, 유가족들이 항의를 하고 있거든."

"유가족?"

"죽은 사람들의 가족 말이야."

최대한 쉽게 설명해주려고 어려운 단어를 뺀다고 해도 늘 뭔가가 걸린다.

"그럼 누가 잘못한 거에요?"

"설명해주려면 복잡한데, 경찰이 무리하게 건물에 들어가려 했다가 사고가 났으니까, 경찰 책임이 더 크지."

"근데 왜 경찰이 막아놔요? 가서 말해요. 경찰이 잘못했으니까 빨리 잘못했다 그러라고. 오빠 말 잘하잖아요."

아, 이 단순명쾌함이여. 갑자기 확 자신이 초라해진다.
"… 내 말 들을 거 같으면 아직도 저러고 있겠니."
"맞어. 짭새는 원래 일반 시민들 말 안 들어주죠, 그쵸?"
"… 항상 그런 건 아냐. 경찰이 필요할 때도 있잖아."
"근데 저기는 뭐죠?"

나영이는 한 가지에 오래 집중하지 못한다. 언젠가부터, 나영이는 보이는 족족 내게 질문을 하기 시작했다. 이게 맞느냐, 저게 뭐냐, 막 말을 배우는 아이들처럼 나영이는 계속 물음표를 내게 던졌다. 유미 은비와 함께 있을 적에는 별로 말수가 없어 보였는데.

나영이가 가리킨 곳에는 '청소년출입금지' 라는 문구가 큼지막히 적힌, 사창가 골목이 있었다.
"아… 저긴 말이야… 미성년자는 몰라도 돼. 나중에…"
"저기가 정육점이죠?"
"뭐?"
"애들끼린 정육점이라 그러는데. 빨간 불 켜놨다고."
"……"

"저기 창녀들 몸 파는 데잖아요. 그죠?"

골목 쪽으로 향하는 나영이를 나는 황급히 붙잡았다.
"무슨 소리야. 어디서 그런 말을 들은 거야? 이쪽으론 또 왜 가?"
"뭐하나 볼라구요."
"니가 뭐하나 봐서 뭐하게."
"길 지나가는 건 사람 자유잖아요."
"아니 그래도 안돼. 여자애들 들어갔다간 엄청 욕먹는다고."
"욕해요? 진짜? 봤어요?"
"… 어어, 봤어. 깡패들도 있어."

내 딴에는 겁을 주려고 한 말인데 나영이는 더 호기심이 커진 모양이었다.
"깡패 있어요? 어디 봐요. 오랜만에 욕이나 해야지. 저 오빠랑 있으면서 욕 안 하잖아요. 알죠?"
"어 맞어. 너 욕 안 해. 그러니까 욕하지마. 왜 사서 고생을 하니."
"제가 욕할라고 가나요? 저년들이 욕하면 나도 한다는 거죠. 왜 길 가는데 욕을 하고 지랄이야."

“아 왜 자꾸 욕해. 빨리 가자. 영화 보러 왔잖아.”

갑자기 나영이가 껄껄 웃었다.
“오빠 쫄아서 그러는 거죠? 깡패한테 맞을까봐?”
“어 맞어. 그러니까 빨리 가자.”
“농담이에요. 알았어요. 그냥 가요.”

나영이는 내가 당혹해 하는 모습을 보는 게 즐거웠나 보다. 하지만 그게 낫다. 내가 막지 않았으면 나영이는 진짜로 들어가서 쌍욕쇼를 벌였을 거다. 자기 호기심의 충족은 자유인데 왜 자기에게 안좋은 일이 벌어질 건지를 나영이는 이해하지 못했다. 하긴, 이건 경험으로 아는 이야기지 머리로 이해할 수 있는 경우가 아니다.
“어쨌든, 정육점이란 말은 쓰지마.”

용산역 건물에 들어와서 골목과 거리가 멀어진 후에, 나는 나영이에게 말했다.
“왜요?”
“너는 ‘냄비’가 무슨 말인지 아니?”
“예.”

비속어만큼은 나보다 훨씬 많이 아는 나영이다.

"누가 너보고 냄비라고 그러면 기분이 어때?"

"기분 드럽죠."

"거기도 마찬가지야. 사람 있는 곳에 대고 고기 취급하면 기분 나쁠 거 아냐."

"그 언니들 제 얘기 못 들었는데요."

"못 들었어도 그래. 니가 자꾸 그 말을 쓰면 니 친구가 또 쓸 거고 자꾸 안 좋은 말이 퍼질 거잖아."

"아아, 암튼 비속어니까 쓰지 말라는 거죠? 그죠?"

"그래. 비속어는 안 좋으니까 쓰지 마."

"알았어요. 그럼 거길 뭐라고 불러야 돼요?"

별로 가르쳐주고 싶지 않았지만, 차라리 제대로 된 어휘를 아는 게 낫겠다 싶었다.

"사창가라고도 하고, 좀더 유식하게는 홍등가라고 해."

"홍등가? 빨간 불 있다고 홍등가에요?"

"응."

"그거 멋있네. 전 앞으로 홍등가라고 할게요. 홍등가, 홍등가."

"그만 좀 해! 사람들 많은 데서 하는 말 아니야."

내가 또 당혹해 하자 나영이는 만면에 웃음을 지으며 엘리
베이터 쪽으로 달려가며 말했다.

"호~옹, 드~응"

"하지 말라니깐!"

"ㅋㅋㅋ 알았어요."

이것도 국어 교육의 하나인가. 왠지 씁쓸했다.

예매한 표를 발권하는 자동발급기 옆면 벽에는 〈전우치〉
등장인물이 거대하게 프린트돼 있었다.

"강동원 좋아하니?"

딴에는 나영이 취향에 맞춰 물어본 거였는데, 나영이 반응
은 심드렁했다.

"애 〈늑대의 유혹〉 나온 애 맞죠?"

"애는 아니다만 맞긴 맞다."

"애보다는 여기가 나아요."

나영이가 가리킨 것은 유해진의 모습이었다.

"유해진? 유해진 알어?"

"모르는데, 이 아저씨 웃기잖아요. 저는 웃기는 거 좋아해
요."

나영이는 이 영화의 감독이 누구인지, 그의 전작들 때문에
기대가 크다든지, 전우치가 전래설화에서 비롯된 인물이라
든지, 강동원이 멋있다든지, 백윤식의 포스가 어떨 것인지
따위엔 전혀 관심이 없고 아는 바도 없었다. 나영이의 기준
은 오직 하나, 영화가 재미있을 것인가이고, 그 기대를 보장
해주는 요소는 유해진의 출연이었다.

나영이처럼 오직 대중성과 흥행요소로만 영화를 대하는
사람은 내 주변에 없다. 영화 쪽 일을 하고 있지는 않지만,
이런 관객의 취향을 이렇게 가까이서 조사하는 건 돈 주고도
어려운 일이다. 영화 관계자 입장에선 아주 소중한 자료일
수도 있겠다는 생각도 들었다.

결과적으로 영화관에 데려온 보람이 있었다. 나영이는 〈전
우치〉를 아주 재미있게 봤다. '오우 너무 재밌어요'를 연발
하는 나영이를 데리고 나는 밖으로 나와 담배를 한 대 물었
다. 이제 대중적 관객의 흥행요소를 조사해보자. 자동적으로
먹물끼가 발동된다.

"재미있니?"

122

"오 재밌어요. 도사 전우~치요~"

나영이는 강동원의 등장 신을 흉내내면서 킬킬 웃었다.
"뭐가 그렇게 재밌니? 그게 멋있어?"
"폼나잖아요."

"강동원이 젤 나아?"
"근데 걔보다 그 개… 아니 말인가… 아 존나 웃겨요."
"싸우는 장면 멋있지 않았어?"
"아 그거 막 날아 다니고 좋은데, 그래도 개가 웃겨요."

"근데 왜 영화 보다가 자꾸 나한테 묻는 거야? 이해가 안
되디?"
"어… 지금도 이해가 안돼요. 개 있잖아요 스승 죽인 사
람…"

"화담 선생?"

"화담이었나? 걔가 원래 괴물이에요? 나쁜 놈인 거 맞죠? 긴가민가 해서요."

자료 3. 알기 쉬운 스테레오 타입이 대중들의 영화 몰입도를 좀더 높일 수 있다.

"만파식적이라고 혹시 아니?"

"그게 뭐에요?"

"영화에 피리 나오잖아. 그게 만파식적인데."

"피리… 피리가 있었나?"

"신선 세 명이 왜 피리 불이고 하잖아."

"아 그러고 보니까 있었다."

자료 4. 엔터테인먼트의 관점에서 내러티브는 그리 중요하지 않다.

"뭐가 제일 재미없니?"

"…임수정이요."

"음? 왜?"

"인상 깊은 장면이 없어요."

"또 뭐 말해줄 거 없니?"
"또 뭐요? 무슨 조사해요?"
"…아니다. 됐다. 그냥 물어본 거야."

나는 담배를 비벼 끄고 건물 안으로 들어갔다. 용산 CGV
는 백화점과 연결되어 있어서, 물건 구경하기에 나쁘지 않았
다. 하지만 나영이는 아이쇼핑을 그리 좋아하지 않았다. 맘
에 드는 게 있어봤자, 살 수가 없기 때문이다. 나도 백화점
물건을 사지는 않지만, 그래도 지갑에 돈이 있고 없고의 차
이는 크다. 화려한 쇼핑가를 두리번거리노라면 자기 기분에
솔직한 나영이는 금세 우울해지곤 했다. 가장 빨리 용산역을
빠져 나오는 동선을 따라 나는 걸음을 옮겼다.
"도사 전우~치요~ 이제 한번 변해볼까."

길을 가다가 나영이는 다시 전우치 흉내를 냈다. 회색 보
도블록이 넓게 깔린 용산역 앞에서, 나영이는 한바퀴 빙그
르 돌았다.
"그게 멋있냐?"

“아뇨. 찐따 같아요.”

나영이가 큭큭 웃었다. 간지와 찐따는 종이 하나 차이인 게다.

어쩌면 전우치처럼 이것 저것 맘대로 바꾸고, 내키는 대로 사는 모습이 나영이는 부러웠던 걸까. 어떻게 살고 싶느냐는 질문에, 나영이는 종종 자유롭게 살고 싶다고 말했었다. 현실에서는 그거야말로 쉽지 않은 일이지만, 스크린 속에선 가능하다. 늘 탐내는 스키니도 입고, 컬러렌즈도 사고, 게임에 쓸 문화상품권도 얻고. 하지만 나는 판타지를 꿈꾸는 나영이를 계속 현실로 끌어내리고 있다. 공부의 필요성, 돈의 귀중함, 일상의 위대함을 나는 이야기한다. 아는 만큼 영화도 볼 줄 알게 된다고 나는 생각한다.

그리고 그 이야기와 생각들은, 경찰들에게 가서 잘못을 인정하라는 목소리를 내지 못하게 한다. 행동하기 전에 무슨 일이 닥칠까봐 두려움을 앞세우게 만들 것이다. 그것은 내가 원하는 바인가.

“오빠, 멍 때려요?”

나영이가 진지한 표정으로 다가와 물었다.

“아냐. 가자.”

“그래요. 집에 가요.”

나영이가 성큼성큼 걷기 시작했다. 이미 도술 따위는 예전
에 잊어버린 듯, 씩씩하고도 부러운 걸음걸이였다. 그래, 잊
어버리자. 지금은 집에 돌아가는 생각만 하자꾸나.

나영이와 공부하기

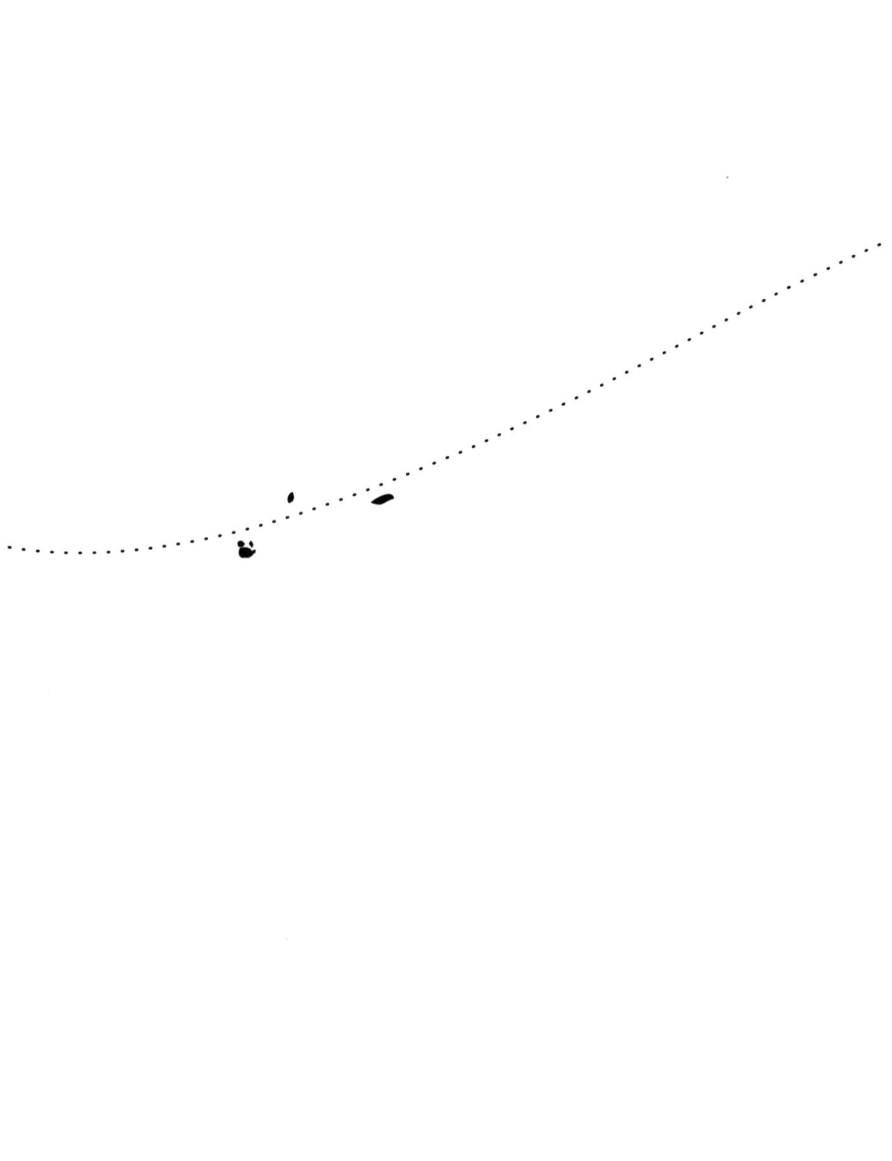

엿 같은 세월 속에서도 나름대로의 화양년화는 있게 마련이다. '그래도 즐거운 때가 있었지'라고 보느냐, '그것 말고는 다 엿 같았지'로 보느냐의 차이는 있지만.

아이들, 그리고 나영이와 있던 때는 아주 밀도 높은 고민을 내게 던져다 준 시간이었다. 그래도 화양년화는 있다. 나영이와 영화 보러 갔을 때처럼, 아무 생각 없이 즐거운 한때를 보내는 건 내게 필요한 일이기도 했다. 일종의 환기구 같은 것이다. 환기창을 닫아놓고만 있으면 만성두통에 시달리는 법.

나영이를 집으로 돌려보냈지만 되튕겨져 나온 후, 나는 아이들이 그러했듯이 '근시안'의 자세로 행동할 수밖에 없었다. 나는 나영이의 가족도 아니며 후견인 행세를 할 배경도 없었다. 그저 지금 상황에서 내가 옳다고 생각하는 것을 해주는 것, 그리고 나영이의 인격을 존중한다면 구태여 싫어하는 일을 강제할 수 없다는 것, 내가 생각할 수 있는 가이드라인은 그 정도였다. 하지만 당장 내일 나영이가 어떻게 나올지 나는 모른다. 앞일을 짐작할 수 없다. 또한 나 자신이 한순간에 가이드라인을 무너뜨릴지 모른다는 두려움은 늘 갖고 있다. 만성두통처럼.

나영이는 제발로 여기 왔지만 언제든지 제발로 나갈 수 있고, 또 나도 그렇게 만들 수 있다. 내일이란 없을 수 있다. 때문에 장기적인 계획은 별다른 효과를 못볼 것이다.

그럼에도 나는 어떤 목표를 향해 나가려는 스타트 자세를 포기하진 못했다. 계몽이나 훈육 같은 말은 평생토록 좋은 이미지였던 적이 없는 단어였건만, 그런 자세를 나 자신에게 요구하지 않는다면, 내일이 없는 여자애 정도야 중년남자에겐 탐스런 먹잇감에 지나지 않는다. 그러나 내용이 지식이든 예의든 컴퓨터 사용법이든 간에 시간은 필요하다. 지금과 같은 상황에서 나영이에게 세상 살아가는 뭔가를 얘기해주고 체득하게 한다는 건, 솔직히 시간 낭비일 거라는 느낌도 들었다.

종종 그런 생각이 들었다. 현재 상황은 내 책임이 아니다. 오히려 나는 나영이가 필요한 것을 주고 있다. 집에까지 돌려 보냈는데 더 어떻게 하란 말인가. 1주일짜리 쉼터에 보내도 결과는 마찬가지일 터. 책임질 필요가 없는 일을 선의로 떠안는 것만으로도 나는 스스로에게 떳떳하다.

이런 생각은 한순간에 나를 지옥으로 밀어낸다. 떳떳함, 선의, 마음을 다잡기 위해 보낸 시간들… 스스로에게 흐뭇한 자족의 순간엔 어김없이 악마의 속삭임이 들려온다. 네 욕망에 충실한다 해도 뭐라 그럴 사람 아무도 없다는. 솔직히 그게 죄냐? 알 거 다 아는 애들 아니냐? 글을 쓴 게 맘에 걸리면, 네 글에 댓글 단 녀석들이 무슨 짓들을 하고 사는지 너는 아냐? 나영이가 무슨 생각을 하는지 너는 아냐? 실제로 들은 얘기도 있잖아?

그래, 실제 들은 얘기도 있었다. 그건 나영이가 친구들과 헤어져 돌아온 첫날 일이었다. 나영이는 유미와 은비 욕을 해대면서 별의별 과거들을 다 쏟아냈었다. 그 중에는 내 집에 들어온 얘기도 포함돼 있었다. 내가 집에서 재워주겠다고 했을 때, 아이들은 내가 잠자리로 끌어들일 거라고 예상했다고 한다. '만약에 그러면 넌 잘 거냐' 란 물음을 서로 하면서 유미와 은비는 그러겠다고 했다, 개들이 그런 년들이라며 나영이는 분풀이를 해댔었다. 듣는 내가 무슨 충동을 받는지도 모르면서.

그런 충동에 저항하는 수단은 내가 그토록 싫어하는 계몽의 역할을 스스로에게 부과하는 것뿐이었다. 꼭 옳아서도 아니고 시간 낭비가 안될 자신이 있어서가 아니라, 나 자신이 세상에 얼굴을 내밀고 살 수 있기 위해서 그래야 했다.

물론 가장 빠르고 확실한 수단, 나영이를 내보내는 일은 선택하지 않았다. 왜 그랬는지 이유는 지금도 명확하게 설명할 수 없다. 동정, 가여움, 아쉬움, 인정, 사명감, 도덕심, 그리고 욕망의 가능성… 어느 말도 정확하지 않지만, 어쩌면 그 모두가 이유일 수도 있다.

잘 모른다면 스스로 찾아야 한다. 나영이가 여기 있어도 될 합당한 이유를. 그리고 올바른 나의 역할도.

나영이가 홀로 찾아온 건 2009년 9월 말엽이었고, 집에 돌아갔다가 다시 온 후 나영이는 하루종일 잠을 잤다. 그리고 며칠 동안 나영이는 시간 되는 대로 컴퓨터 앞에 앉아 게임을 했다. 내가 컴퓨터를 쓰겠다고 하면, 나영이는 TV를 보았다. 그 두 가지가 나영이의 하루 일과였다. 나영이는 더 이상 친구들과 연락하지 않았고 밤에 나가지도 않았다.

좋은 변화였다. 훗날에 나영이는 어른 말 들어주는 게 최소한의 '예의'라고, 그리고 방 청소나 설거지 정도는 해주는 게 밥값하는 거라고 내게 말했었다. 물론 그건 '훗날'의 관점이다. 이때의 나영이는 '하지 말라는 것을 하지 않는' 정도에 불과했고, '훗날의 나영이'는 그런 자신을 '철이 덜 들어서’라고 표현했다. 어쨌든 그 정도만 해도 아이들 셋이 있던 시절과 비교하면 감지덕지이긴 했다.

그러나 하루종일 방에 틀어박혀 시간 죽이는 모습을, 그냥 놔두고 보는 것도 꽤 답답한 일이다. 나영이가 바라는 대로 독립을 하고 싶다면, 뭔가 시작해야 하지 않을까.

"뭔가 해야 하지 않겠니?"

"뭘요?"

"여기 있으면서 너 아무것도 하는 게 없잖아. 며칠 동안 TV하고 컴퓨터… 그것 말곤 할 게 없니?"

"알바 할 거에요."

알바 하겠다는 얘기는, 예전부터 들어온 아이들의 단골 레퍼토리다. 나영이도 마찬가지다. 물론 그렇게 말하고, 알바를 구하는 모습은 본 적이 없다.

"나로선 니가 예전과 달라진 모습을 보이지 않으면 여기 둘 이유가 없어. 내가 굳이 왜 너를 데리고 있어야 하는지 나도 모르겠지만… 알바를 하는 것도 좋아. 찾아보라구. 공부도 하고 싶으면 말해. 너 중학교 못나왔잖아. 검정고시를 볼 생각이라면 공부하는 거 도와줄게."

"음… 저 공부하고 싶어요. 인젠 공부할 거에요."

의외로, 나영이의 입에서 가장 바라마지 않던 소리가 나왔다.

"정말?"

"예. 이번에 오빠 집 오면서요, 인제는 공부 해야겠다고 생각을 했어요. 오빠 말이 다 맞긴 맞으니까… 근데 어디부터 해야 하는지도 모르겠고…"

"그건 문제가 안돼. 너한테 처음부터 시험 공부 시킬 건 아니야. 천천히 조금씩… 중학교 1학년 게 생각이 안 날 테니 거기부터 시작하면 되고."

"알았어요! 빨리 시작해요. 아 진짜 이번엔 열심히 해야지."

나영이는 혼자 급한 마음에 발을 동동 굴렀다.

"알았어. 내일은 그럼 책을 사러 나가보자."

다음날 나는 나영이와 함께 교과서를 파는 대형서점에 갔다. 참고서류는 나영이가 읽기에 너무 복잡했고, 아직은 문제를 풀거나 할 단계도 아니었다. 우선은 꾸준히 책을 읽기만 해도 된다. 요즘 교과서의 구성은 내 학창시절에 비하면 참고서라 봐도 될 정도다. 무얼 공부할지는 나영이의 뜻에 맡기기로 했다.

“사회나 과학을 먼저 할 건 아니고… 국어, 영어, 수학 같은 과목이 기본인데 말이야. 난 국어는 해야 된다고 봐. 니가 모르는 단어가 너무 많으니까… 일단 그것만 할까? 영어나 수학은 하고 싶을 때 시작해도 돼. 일단 ‘하루에 몇 시간’ 이라도 책상에 앉아있는 게 제일 중요하니까.”

“음… 전 수학을 하고 싶어요. 수학은 그래도 좀 생각이 날 것 같은데.”

“그래? 영어는 어떻고?”

나는 서가에 꽂혀 있던 중학교 영어책을 꺼내 주었다. 나영이는 이리저리 뒤적이더니 인상을 찌푸렸다.

“아우, 골치 아파. 갑자기 옛날 생각 나요.”

“싫으면 국어, 수학만 해도 충분해. 나중에 시작하라고.”

“그래요. 그럼 그거 두 개만 할게요.”

그리고는 서점 내의 학용품 매장에 들렀다. 난 필통 하나에 볼펜이랑 샤프랑 지우개랑 넣어서 한 세트로 채워주었다. 노트도 두 권 샀다. 나영이는 필통이 영 마음에 들지 않는 듯했다.

“전에 토끼 그림 있는 거 있었는데… 그런 거 없어요?”

아쉽게 토끼 그림 필통은 매장에 없었다. 꼭 필통을 사지 않아도 됐지만, 안 사는 것보단 낫다고 생각했는지 나영이는 결국 필통 하나를 골랐다.

새 책과 노트, 문방구를 사서 기분이 좋아지는 건 누구나 마찬가지인 모양이다. 나영이는 버스 안에서 찰칵찰칵 소리를 내며 샤프를 눌러댔다. 노트도 꺼내 휘리릭 펼쳐보았다. 다만 책은 꺼내지 않았다. 나영이는 자신이 중학교 1학년 공부를 한다는 사실을 남에게 보이고 싶어하지 않았다. 그래서 내가 책값을 치를 때에도 멀찍이 떨어져 있었다.

문득 학창 시절이 생각났다. 문구류가 그리 다양하지 않던 시절이었고, 요즘처럼 수입 문구류가 저렴하지도 않던 때였다. 하지만 문구류 사용에 대해서 나는 꽤나 깐깐한 학생이었다. 나는 노트 필기용으로 이제는 사라진 세라믹펜을 즐겨 썼는데, 노트의 종이가 얇으면 뒷면으로 넘겼을 때 앞면의 글씨가 비쳐 보인다. 나는 그게 싫어서, 비교적 종이가 두꺼운 제품을 애써 찾느라 시내 문방구를 뒤지곤 했었다. 또 당시 교과서는 종이 질이 그닥 좋지 못해서, 볼펜으로 쓴 글씨 모양대로 종이 뒷면이 볼록 튀어나오곤 했다. 그래서 나는 책받침을 두 번째 뒷장에 깔고 썼다. 바로 뒷장에 깔면 필기감이 너무 미끄럽기 때문이었다.

수입 문구를 쓰는 아이들이 부럽진 않았다. 하지만 참고서에 대해선 좀 아쉬웠다. 집안이 어려운 정도는 아니었으나 그리 풍족하지도 못했던지라, 입맛대로 참고서를 살 형편이 아니었다. 나는 참고서를 줄 쳐가며 공부하는 타입이 아니었고, 다시 볼 때 방해가 될까봐 문제에도 동그라미를 쳐놓지 않았다. 한마디로 참고서는 아주 깨끗했다. 그래서 아버지는 공부도 안 한다며 여벌의 참고서를 사주지 않았다. 고등학교 시절 내내 그랬다. 친구가 '책은 많을수록 좋다' 면서 시내 서점에 없는 참고서를 서울서 사오는 모습이, 난 참 부러웠다. 나는 그저 과목당 한 권 있는 참고서를 여러 번 읽고 또 읽어야 했다. 문제집도 학교에서 요구하는 것 이외엔 거의 사질 못했다. 오직 자율학습뿐 학원도 과외도 없었으니, 고3 기간 내내 내가 공부한 참고서와 문제집은 누구나 갖고 있던 뻔한 것들이었다. 교육방송 참고서를 하나 샀던 게 기억나는데, 그건 그 교재가 개중 가장 쌌기 때문이었다.

지금 와서 생각해보면, 나는 매일 뻔한 참고서를 읽으며 어떤 '궁리'를 했던 것 같다. 이미 아는 것들은 다시 볼 필요가 없고, 혹시 지나쳐버린 구절이 있었나, 여전히 이해가 안 되는 문구가 있나 찾아 다녔고, 그런 게 있을 때엔 '대체 이게 무엇인가' 하고 오랫동안 머리를 짜냈다. 가설을 세우고 그에 따라 풀이했을 때 맞는가 아닌가를 탐색해보는 과정을 되풀이하는 일이, 문제풀이로 점철되고 자율학습으로 들어

막힌 고3 생활 중에는 오히려 일종의 '재미난 놀이'와 같았다. 그렇게라도 놀지 않으면 숨막혀 죽을 것 같은 때였다. 아침 6시 기상, 7시 등교, 밤 12시 하교… 그렇게 1년이었다.

사회에서 요구하는 교육과정을 아주 충실히 이수한 나로서는, 이제 중학교 공부를 시작해야 하는 나영이의 상황을 내 일처럼 공감하기는 힘들었다. 난 중학교 시절 공부를 한 적이 없었다. 연합고사에서 몇 점을 맞든 결국 뺑뺑이 돌려 고등학교 배정 받는 마당이니, 커트라인 넘기만 하면 아무 의미가 없었다. 고등학교 공부라도 선행학습 할 수 있으면 차라리 낫겠는데, 중학교 선생들은 '학교의 명예를 위해' 연합고사 만점 작전에 돌입하여, 성문기본영어나 수학 정석을 공부하지 못하게 막았었다. 대체 '연합고사 만점'이 학교의 명예와 무슨 관계인지는 지금도 모르겠다. 그건 중3때 일이지만, 중학교 내내 이런 식의 분위기라 그랬는지 나는 시험 성적을 위해 따로 공부를 하기가 정말 싫었다. 그럼에도, 성적은 좋았다.

내가 '머리 좋은 학생'이었던 건 민망하고 건방진 말이지만 사실이긴 하다. 나영이처럼 중학교 공부를 굳이 따로 해야 하는 상황은 경험한 적이 없다. 게다가 나영이는 보통의 중학생들보다 훨씬 뒤떨어져 있는 상태다. 이제 시작하는 마당에 '실은 그렇지 않아'라고 포장해봤자 소용 없다. 현실은 일단 인정해야 한다.

　나영이의 마음을 이해할 수 없다는 우려와 함께, 한편으론 다행스러운 생각도 들었다. 만약 내가 공부를 잘한 학생이 아니었다면, 중고등학교 수학을 아직 기억하고 있지 못했다면 공부를 가르쳐주겠다고 쉽게 마음 먹지 못했을 것이다. 나영이 처지를 공감하는 대신 공부에 자신 없는 경우와 비교하면 내 처지가 나을 것이다. 그렇게 마음을 먹기로 했다.

　"뭐부터 해야 돼요?"

　나영이는 앉은뱅이 책상을 펴고 책과 노트를 올려놓았다. 샤프를 째깍거리면서.

　"일단 국어. 여기 봐봐."

　국어 교과서는 1-2였다. 이중섭에 대한 일대기가 첫 장이었다.

　"이 글을 읽어. 읽으면서 모르는 단어가 나오면, 그 단어를 동그라미 쳐 놓고, 노트에 옮겨 적어. 다 하고 나면 내가 그 단어들을 설명해줄게."

　"어디까지 해야 되는데요?"

　"그럼 우선은 1장만 하자. 여기 2장… 요전까지가 1장이야. 모르는 단어가 얼마나 되는지 한번 보고."

“알았어요.”

나영이는 국어 교과서를 손바닥으로 눌러 펴고, 책을 읽기 시작했다. 내가 기억하기론 나영이가 무언가를 읽는 모습은 이게 처음이었다. 아이들은 하루종일 인터넷을 했었지만 뉴스 같은 것은 보지 않았었다. 구어체와 이모티콘 투성이고 내용은 극히 짧은, 미니홈피 따위에 있는 신변잡기류만 읽었을 뿐이다. 내가 가출소녀 글을 게재하면서 읽어보라고 했을 때 나영이는 거절했다. 굳이 사이트의 글을 읽게 했을 때에도, 얼마 못 가 쓱 내려버리곤 댓글 몇 개만 읽었다.

“어른들은 어려운 말만 쓰는 줄 알았는데, 욕 쓰는 사람도 많네요?”

나영이의 반응은 그 정도였다. 그런 나영이가 지금 국어책을 읽고 있다. 내 입장에선 너무나 흐뭇하지 않을 수 없었다.

“아이구 허리야. 아 너무 스트레스 받아요.”

나영이는 허리를 두드리면서 얼굴을 찡그렸다. 20분쯤 지났을 때였다.

“다 했어?”

“아직요. 모르는 말이 너무 많아요.”

“일단 시켰던 데까진 하자. 시간 얼마 안 지났어.”

“알았어요.”

나영이는 입을 삐죽 내밀면서도 다시 책을 읽었다. 그렇게 해서 한 시간 가량을 끝내 채웠다.

“아이구야. 다했어요.”

나영이는 벌러덩 뒤로 누우며 한마디 내뱉었다.

“수고했네. 어이구. 어디 보자.”

나는 나영이가 교과서에 동그라미를 쳐놓고 노트에 써놓은 단어를 살펴보았다.

“오산학교… 이런 건 고유명사야. 따로 안 써도 돼.”

“고유명사가 뭐에요?”

“사람 이름, 도시 이름 같은 건데, 이런 건 가리키는 게 하나밖에 없거든. 나영이는 너밖에 없으니까 ‘나영이’ 는 고유명사지. 근데 샤프는 여기 있는 것도 샤프지만 문방구에 있는 것도 죄다 샤프라고 부르잖아? 그러니까 샤프는 고유명사가 아니야. 그런 건 일반명사라고 해.”

“어 들어본 적 있는 거 같은데.”

“그치? 그러니까 고유명사는 그냥 그런 거구나 하고 넘어

가면 되고, 여기 쓸 필요는 없어.”

“알았어요.”

“ ‘독창성’ 은… 새롭고 색다르다는 뜻이야. 남들하고 똑같지 않고 그 사람만 가진 개성이 있다는 거지. 가령 다들 미니홈피가 있어도 특히 잘 꾸며놓는 사람이 있잖아? 스킨도 잘 해놓고 노래도 잘 깔아놓고…”

“도토리가 있어야 하죠. 전 도토리 없어서 안돼요.”

“도토리 있다고 해도 다 똑같은 건 아니잖아? 니 주위에도 그런 애 있지 않니?”

“그거야 그렇죠. 아는 언니 있는데 사진 진짜 잘해놨어요.”

“그래. 사진도 그렇지. 셀카도 잘 찍는 사람이 따로 있는 거잖아.”

“음음, 알겠어요. 새롭고… 색다르다…”

그렇게 노트의 단어들을 설명해주면 나영이는 그걸 노트에 옮겨 적었다. 그렇게 어느덧 한 시간이 훌쩍 지나가버렸다.

“아아 너무 힘들어요. 이렇게 스트레스 받는 줄 몰랐어.”

노트에 써놓았던 단어 설명이 끝나자 나영이는 대자로 뻗어 누우면서 인상을 찌푸렸다.

"내가 시켜서 하는 거 아니잖아. 니가 하겠다고 해서 내가
도와주는 거야."

맘속으론 한 시간 동안 떠들며 가르친 내가 더 힘들다고,
쉬운 단어 가르치는 게 훨씬 힘들다고 생각했다. 해본 사람
은 안다. 어려운 문제보다 쉬운 것 설명이 힘들다는 걸. 하지
만 나영이에게 말해봤자 소용 없는 일이다. 인정받고 싶은
마음은 없다. 하지만 가르쳐줄 때마다 투정까지 받아줘야 한
다면 꽤나 속상한 일이다.
"잠깐 쉬고 수학 해야지."
"또요?"

나영이의 눈이 똥그래졌다.
"이거 길게 하는 거 아냐. 학교에서 수업할 때에도 50분
정도 하고 10분 쉬고… 그렇게 하잖아? 여러 과목 하는 것도
아니고… 수학을 꼭 해야 되는지는 나도 모르겠다만 니가 도
와달라니까 그렇게 하는 거야."
"그래도 이렇게 힘들 줄 몰랐어요. 오랜만에 해서 그런가?
수업시간보다 더하는 거 아닌줄 아는데 무지 힘들어요."
"그래서일 수도 있지. 어쨌든 한 과목에, 하루 한 시간은
해야 되지 않을까? 난 그게 맞다고 생각하는데."

"그래도 설명하는 시간 더하면 두 시간은 되잖아요."

나영이 말에 갑자기 울컥했다. 지금 따지는 거냐? 어쨌든 참았다.

"니가 혼자 공부할 수 있으면 괜찮은데, 그게 힘드니까 내가 필요한 거고, 그 때문에 시간이 더 드는 건 어쩔 수 없어. 무엇보다도 니가 습관이 들지 않으면, 한번 시작해서 한 시간 정도는 눌러 앉아 버릇하지 않으면 공부를 시작할 수가 없어. 사실 검정고시를 봐도 그렇고, 학교 다니는 애들이 수업 말고도 공부하는 시간이 있잖니? 만약에 수학까지 이렇게 해서 하루 4시간이라고 치자… 과목이 중요한 게 아니라, 그 정도 시간을 공부하느라 앉아있겠다는 게 중요해. 지금으로선 내가 도와준다고 하면 그런 습관을 들게 하는 거야."

"진짜 학생들이 그 정도로 공부해요?"

"4시간만 하겠니? 하지만 너한테 그렇게 시킬 생각은 없어. 나도 어렸을 때 진짜 싫어했던 게 무작정 공부 시키는 거였거든. 다만 니가 하겠다니까, 나는 과목 하나 할 때 한 시간은 해야 된다고 생각하는 거고, 니가 단어 찾고 있을 때엔 내가 뭘 해줄 수 없으니까 그 다음에 설명해야 되는 거고…"

"알았어요. 그럼 수학 다 하고선 놀아도 되죠?"

이 부분이 사실 가장 중요한 문제였다. 나영이는 하루종일 컴퓨터 게임을 했다. 늦게 일어나 새벽까지 컴퓨터만 한다. 여기에 계속 신경 쏟는 아이가 공부를 계속할 수는 없다. 진작부터 알고 있었지만, 이것도 본인의 의지에 달린 문제다. 강요한다고 바뀌진 않는다.

"컴퓨터도 줄여야 돼."

"아 왜요."

나영이는 불만 어린 표정을 지었다가 말했다.

"자꾸 딴 데 신경 쓴다고 그러는 거죠? 전에도 말씀하셨던 거 같은데."

다행히 나영이는 전에 아이들 있을 때 했던 얘기를 기억하고 있었다. 뭔가 바뀌고 싶다는 마음은 있었던 거다.

"기억하니까 다행이다. 솔직히 내 맘대로 한다면 당장 미니홈피 따위는 탈퇴하고, 네이트온 끊는 게 맞다고 생각해. 학생들이 무조건 그래야 된다는 건 아니지만… 너는 그쪽에 너무 습관이 들어버렸단 말이야. 조절할 줄을 몰라. 니가 뭐 학교서 1등하는 그런 공부할 건 아니니까, 또 심심하기도 할 테니까 컴퓨터를 무조건 안 해야 된다고 생각하진 않아. 다만 우선 눌러앉는 습관이 없다는 게 문제라서, 지금 시기엔 줄이는 게 낫다는 거야. 그리고 싸이나 네이트온에서 사소한 거 갖고 싸우고 악플 달고… 친구들이랑 이런 게 너무 많잖아? 니 생각에도 그게 중요한 일이라곤 생각 안 들잖아?”

“그건 그렇죠… 그럼 어느 정도나 해야 되죠?”

“하루에 한 두 시간?”

“에엑? 그렇게는 못해요.”

나영이는 고개를 절레절레 흔들었다.

“왜?”

“아 그 정도론 게임할 시간도 안 돼요.”

“그렇게 얘길 했는데 게임을 꼭 몇 시간이나 해야 되겠어?”

“해야 돼요.”

나영이의 얼굴이 조금씩 굳어져갔다.

“그럼 어느 정도 했으면 좋겠니?”

“… 새벽 두 시까지?”

“뭐야, 그건 줄인 게 아니잖아.”

“세네 시까지 하던 거 줄인 건데요?”

“내가 줄곧 열두 시나 한 시까지는 자야 된다고 했잖니. 안 그러면 아침에 일어나기 힘들다고.”

"컴퓨터도 줄여야 되고, 자는 시간도 그렇고, 이럼 너무 힘들어요."

"이거 너가 하자고 해서 하는 거야. 내가 시키는 게 아니라고. 새벽까지 컴퓨터하는 건 공부 안 하더라도 좋은 일이 아니잖아."

"… 일단 알았어요. 좀 해보고요."

일단은 휴전이었다. 그걸 가지고 힘들다고 하면 안 된다고 말이 목구멍까지 치솟았지만, 참기로 했다. 도와달라고 했으니 도와주는 것만 생각하자.

수학 공부도 기본적으론 국어와 같았다. 수학 맨 처음에 있는 단원은 집합이다. 합집합, 교집합, 여집합 등이 무슨 뜻인지를 알아야 한다. 원소나열법이 무슨 말인지 모르면 진행을 해나가기 어렵다. 일단 용어들은 앞장에 따로 정리해놓은 후 복습하도록 시켰다. 그리곤 기본적인 문제를 풀어주고 예제를 풀어보게 하는 식으로 진도를 나갔다.

나는 왜 나영이가 수학을 하려 했는지 의문이 들었다. 현실 생활과 가장 연관성 없게 느껴지는 것이 수학 공부니까 말이다. 어쩌면 나영이는 그나마 수학 점수가 좋았던 기억이 있는 게 아니었을까. 아니면 뭔가 공부를 한다는 느낌이 가장 강해서 그랬던 걸까. 어쨌든 나영이는 수학 공부를 굉장히 힘들어했다.

수학을 학교에서 배워야 하는 이유는 현실과 무관하기 때문이다. 현실에 존재하지 않는 추상적 관념의 세계가 수학이다. 직접 경험만으로는 그걸 배울 수가 없고, 그러다 보면 자신이 겪어보지 않은 세계를 유추해내지 못하는 결과를 낳는다. 어떻게 보면 나영이에게 제일 필요한 영역일 수 있다. 나영이가 모르는 단어는 대부분 추상적인 개념들이다. 이를테면 '독창성'도 그렇고, '일시적'도 '능동'도 그랬다. 본 적도 없는, 이해할 수 없는 것들을 배우는 일은 당연히 고통스런 인내를 수반한다.

훨씬 나중 얘기지만, 나영이에게 구구단의 비유를 해준 적이 있었다. 구구단을 외게 시킬 때, 아이들은 그게 뭐에 도움이 되는 지 전혀 알지 못한다. 그렇다고 아이에게 곱하기의 원리와 구구단의 효용을 모두 이해시킬 순 없다. 그때엔 무조건 외는 수밖에 없고, 그게 자신에게 도움이 될 거라는 선생님의 말을 믿는 수밖에 없다. 구구단이 뭐에 도움이 되는 지 이해하려면 먼저 구구단을 다 외워야 한다. 나영이에게 이게 좋다 저게 나쁘다 이야기할 때도 마찬가지 심정이었다. 물론 어느 정도는 설명해주겠지만, 니가 지금은 완전히 이해가 가지 않더라도, 나를 믿는다면 구구단 욀 때처럼 일단 하는 게 먼저라고 나는 나영이에게 얘기했었다.

생각해보면 나영이에겐 관념적인 어휘들, 집합, 책상에 눌러 앉는 습관, 싸이월드와 네이트온 끊는 일 등등 모두가 구구단과 같았다. 왜 그래야 되는지를 나영이는 완전히 이해할수 없었을 것이다. 때문에 인내의 시간이 필요하고, 스스로 인내하지 못할 때엔 약간의 강제력도 있어야 한다. 현실적으론 자존심이 상하는 경험을 했기 때문에 나영이는 자신을 바꾸기 위해 어느 정도 인내가 필요하다고는 알고 있었다. 문제는 참기 어려울 경우다.

"30분만 하면 안돼요?"

공부를 시작하고 나흘쯤 지났을 때, 나영이는 굳은 표정으로 그렇게 말했었다.

"왜?"

"너무 스트레스 받아요. 컴퓨터도 더 하고 싶어요."

"왜 이렇게 하는지 얘기 했었잖아."

"아는데요. 이해하는데요. 근데 스트레스가 너무 심해요. 하기 싫어요."

잠시 침묵이 흘렀다.

"공부하기 싫니?"

"네."

다시 정적.

"니가 하자고 시작한 거 알지?"

"알아요."

"근데 이젠 하기 싫다?"

"이렇게 힘들 줄 몰랐어요."

"그럼, 어떻게 하고 싶어?"

"공부 안 할래요. 그냥 컴퓨터만 할 거에요."

나영이는 딱딱하게 답했다.

물론, 물론… 나는 학교 선생도 아니고, 꼭 한 시간씩은 해야만 된다는 법도 없다. 나영이는 며칠을 꾹꾹 참았는지도 모른다. 그걸 칭찬해줄 수도 있다. 문제는 도와주겠다는 사람에 대한 태도다. 많은 사람들이 이런 식으로 스트레스의 책임을 돌린다. 자신의 잘못 때문에 생긴 스트레스를, 그 잘못을 지적한 사람 때문에 생겼다고 착각하는 거다. 그렇지 않다고 스스로를 다독이다가도 어느 순간 화가 나기 시작하면 앞뒤를 가리지 못한다.

화난 사람과 이유를 따지면 대화가 이어지지 않는다. 우선은 물러서서 우회로를 찾아야 한다.

"알았어. 좀 있다 얘기하자. 니가 싫다면 나도 할 수 없지. 일단 알았어."

나영이는 아무 말 없이 컴퓨터 앞에 앉았다. 나는 거실로 나와 담배를 한 대 피웠다. 답답하다. 환기구가 닫힌 느낌, 만성두통. 묻어놓은 물음이 다시 스물스물 기어 나온다. 젠장, 뭣하러 이 꼴을 당해야 하나?

아니다. 나까지 감정적이 되면 결말은 뻔하다. 차분해지자.

나영이에게 옳은 일이라고 믿는다면 약간의 강요는 괜찮은 것일까? 가령, 공부를 하지 않는다면 더 이상 여기 있을 수 없다고 겁줘도 되는가? 치사하고 권위적이더라도?

누군가 답을 내려줬으면 좋겠다고 수없이 생각했었다. 권력의 행사 자체가 악은 아니다. 처음부터 무조건 악한 건 없다. 그러나 내가 권위의식을 느끼고 있고, 약자에 대한 권력행사에 죄의식을 느낀다면 그건 악이다. 알면서 행하는 건 양심에 어긋난다. 그리고 아무도 이 상황에서의 판단을 대신할 수 없다. 도와줄 때엔 대가를 바라지 말아야 한다. 처음 아이들에게 떡볶이를 사줄 때 그랬던 것처럼.

나영이에 대한 기대가 있다. 옳은 길로 들어섰으면 하는. 그 기대에 의존해 행동하는 건 나영이에게 나쁜 일이 아니다. 그렇기 때문에 포기하기 힘들다. 하지만 행동이 나영이로부터 비롯되는 게 아니라, 나 자신의 욕심 때문에 시작되고 계속돼선 안된다. 수많은 사람들이 그런 핑계로 남을 억압한다. 다 너 잘되라고 이런다고. 그리고 억압에 적응한 사람들은 자기를 바른 길로 이끌어준 웃어른에게 감사해하는 마음으로 다시 억압을 시작한다.

이 순환의 고리에는 끼어들고 싶지 않다. 선생으로서 공부하라고 다그칠 순 있어도, 같이 있기 힘들다는 건 다른 문제다. 별개로 생각하자. 어쨌든 나영이 스스로가 의지를 보이지 않는다면 아무것도 바뀌지 않는다.

"담배 한 대 피우자."

나는 방안에 있던 나영이를 불렀다. 나영이는 아무 말 없이 나와서 담배를 물었다.

"니가 싫다면 어쩔 수 없지. 그래."

"기분 나쁘게 하려던 건 아니에요. 죄송해요."

나영이가 입을 열었다.

"그냥 전 이렇게 힘들 줄 몰랐어요. 너무 스트레스를 받으니까, 자꾸 컴퓨터만 하고 싶구 그래요."

"알았어. 나 억지로 시키려는 거 아니야."

"… 정 그럼 30분만 해요. 조금만."

나영이는 타협안을 내놓았다. 하지만 나는 고개를 저었다.

"아니, 니 생각을 알았으니까 그건 해도 소용없어. 니 마음은 지금 공부를 하고 싶지 않다는 거지 30분을 하고 싶다는 게 아니잖아? 30분을 해도 스트레스는 또 생기겠지. 그때도 시간 줄일 거니."

나영이는 후우 하고 담배연기를 내뿜었을 뿐 말이 없었다.
"만약 공부를 하고 싶다면, 그리고 그걸 도와달라고 한다면, 무슨 얘기를 해도 참겠다는 자세가 있어야 돼. 의지가 보이지 않으면 앞으로도 널 도와줄 사람은 없어. 다른 애들은 집에서 부모가 붙잡아놓고 공부를 시키겠지. 그것도 나쁘진 않아, 부모니까, 그리고 자기 생각해서 한다고 믿으니까. 하지만 넌 그런 상황이 아니잖아. 니 의지가 있어야 돼. 그러니까 왜 공부를 해야 하는지 생각해봐. 나한테 물어봐도 얼마든지 얘기해줄 수 있어. 그렇지만 어쨌든 시작은 니가 해야만 되겠지."
"알았어요. 제가 마음의 준비가 덜 됐었나 봐요."

나영이가 고개를 끄덕였다. 아까보단 훨씬 가벼워진 말투였다.
"생각해볼게요. 그래서 준비가 되면 다시 공부 시작할게요. 그때 다시 공부 시켜주세요."

“그래. 대신 확실하게 해.”

나는 더 이상 화제를 잇지 않았다. 이 집에 있으려면 나 스스로 납득할만한 이유가 있어야 했고, 그래서 시작한 공부였다. 언제 재개할 지 모르지만 이제 그 이유는 없는 상태가 됐다. 그럼 나는 나영이와 있을 이유가 없는 거겠지? 그렇게 이어지는 생각을 난 계속하고 싶지 않았다. 아직은 기대가 남았기에 그랬었는지도 모르겠다.

결과적으로 보면, 그날 이후로 다시 나영이는 공부를 시작하지 않았다. 그러나 그건 나와의 인연에서 그런 거지, 언제 어떻게 생각을 다잡을지는 모르는 일이다. 아마도 그때가 되면 나와 책상에서 머리를 맞대고 앉았던 시절을 떠올릴 수도 있겠다. 나영이가 째깍대던 샤프 소리가 지금도 기억에 남아 있듯이.

하지만 오늘날의 환경에서 나영이 본인이 의지를 갖는다는 건 지극히 어려운 일이다. 사람들은 늘 권력과 부를 바래왔지만 요즘은 돈 쪽이 더 강한 목적이 되었다. 자본의 시대에는 계산기를 두드려 비용 대비 산출을 따진다. 경제학의 입장에서 비교해보라. 아무 성과가 없을 리스크를 감수하고 나영이에게 각종 명목의 투자를 할 때 얻는 효용과, 그 돈으로 지금 당장 옷이나 장신구를 사줄 때의 효용을. 투자자와 나영이 모두 전자를 택하기 힘들다. 힘들게 아르바이트를 해서 미래를 기약하는 사람보다, 무슨 짓을 해서든 당장의 지출이 많은 사람을 이 사회는 우대하고 있지 않던가. 가난한 학자보다는 돈 많은 조폭이 이 사회의 주류에 좀더 가깝지 않던가. 그러나 도태되지 않기 위해서, 나중에 얻을 더 큰 효용을 감안해서 미래를 대비할 이유를 나영이가 어떻게 찾겠는가. 그리고 누가 거기에 투자를 하겠는가.

내가 줄곧 나영이의 공부를 염두에 두었던 이유는, 검정고시조차 치르지 않았을 때 받게 될 사회의 편견이나 불이익 때문이기도 하지만, 어떤 식으로든 자기 삶에 대한 의지를 가지기 위해선 지식이 필요하기 때문이었다. 직접 경험을 통해서도 배울 순 있다. 그러나 그 뼈저린 모멸감보다는 미리 배우는 편이 훨씬 낫다. 하지만 의지가 생기지 않으면 배울 수 없고, 배우지 못하면 의지가 생기기 어렵다. 입구가 없다. 그 안타까움이 내가 나영이를 계속 붙잡고 있었던 가장 큰 이유였겠다고, 지금은 그렇게 생각하고 있다. 오늘날의 초중등 교육은 근대의 산물이므로 그걸 극복하고 포스트모던한 현대에 적응하기 위해선 우선 근대적 사유의 틀을 벗어날 필요가 있다… 실제 인간의 삶 앞에서, 이런 관념적 논의는 나를 아무데도 데려다 주지 못했다.

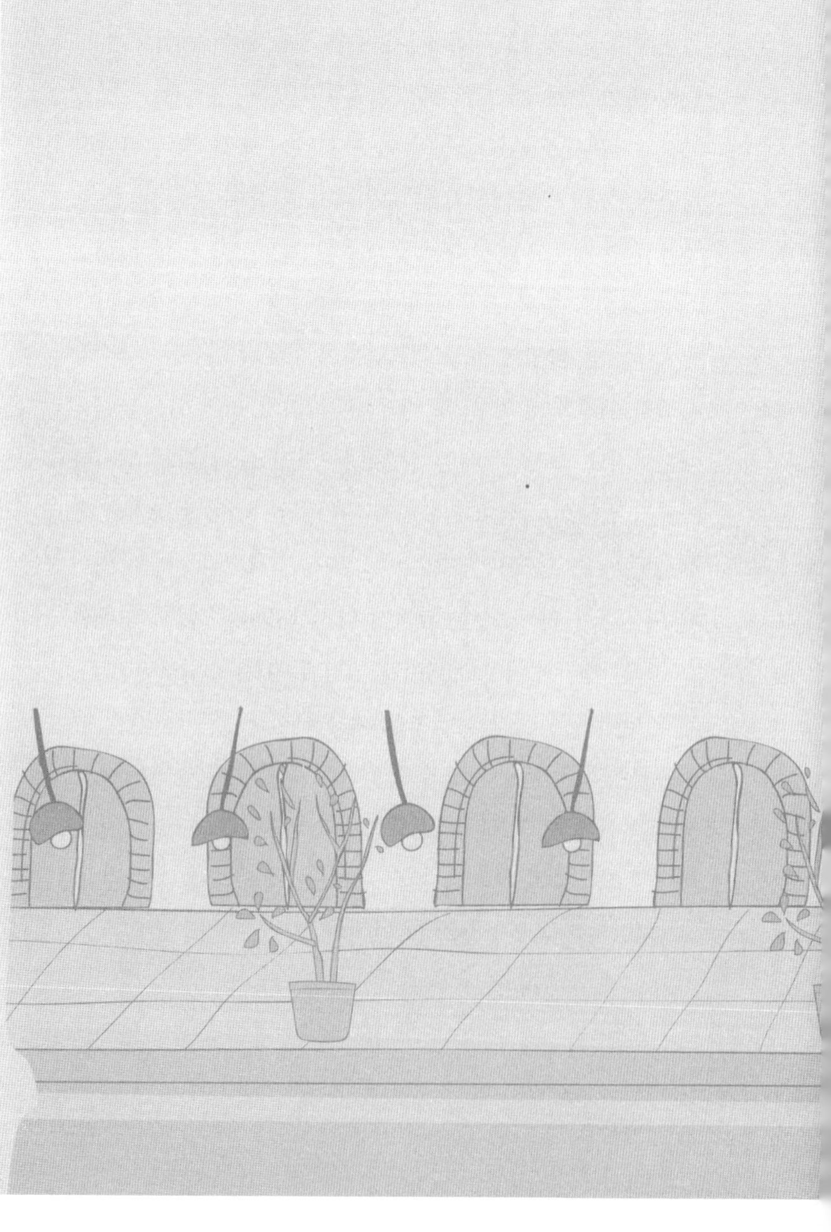

생활의 균열

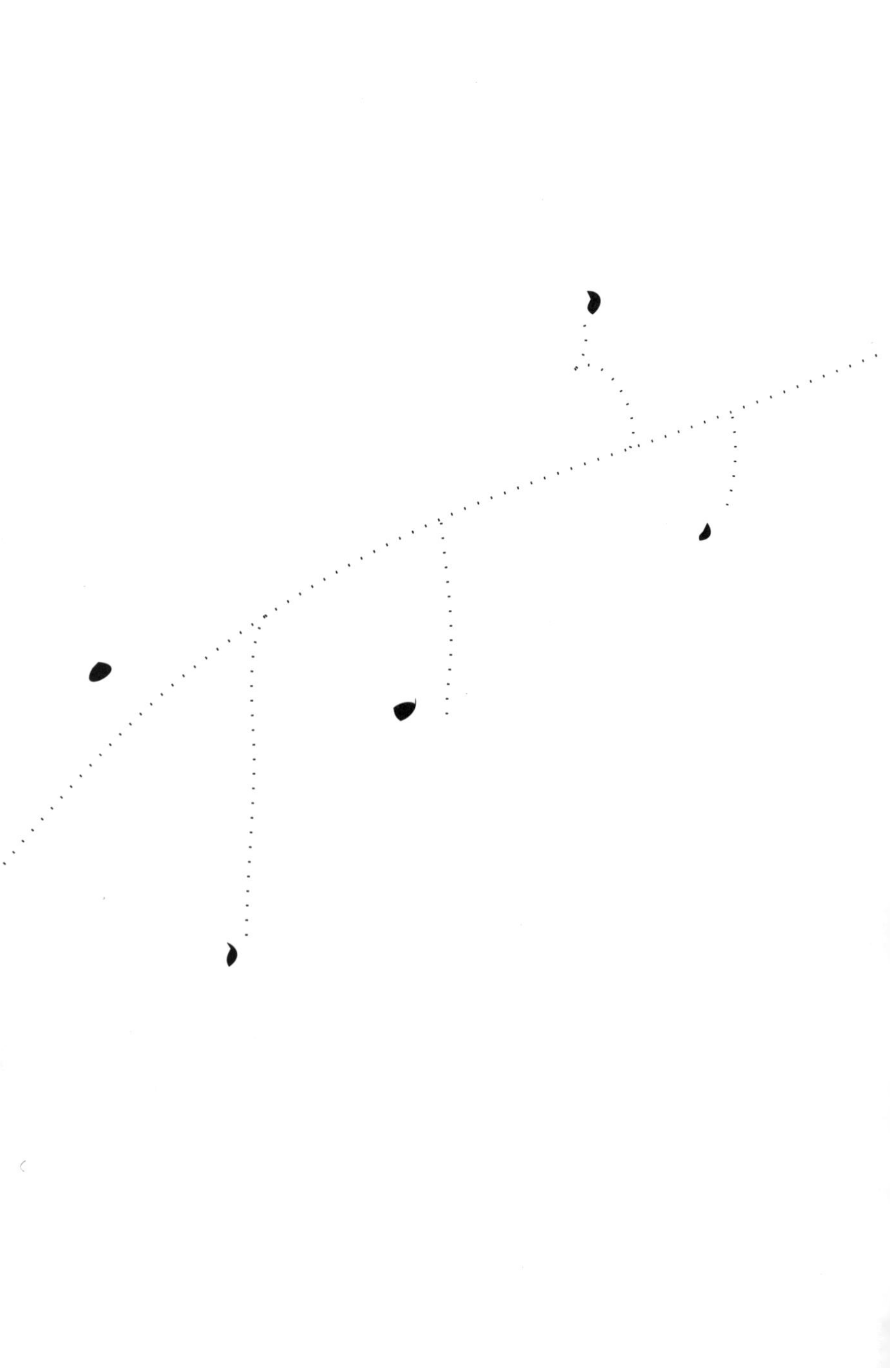

나는 라면을 잘 먹지 않는다. 언제부턴가 라면을 먹으면 배탈이 난다는 걸 발견하곤, 자연스레 그리 즐기지 않게 되었다. 나는 그 원인이 무언지 한참에 걸쳐 연구했다. 그 결과, 브랜드를 가리지 않고 국물이 있는 라면에 알레르기 반응을 보이며, 짜장라면이나 비빔면처럼 국물을 버리는 종류는 괜찮다는 걸 알게 되었다. 어릴 적엔 이런 일이 없었는데, 희한한 일이었다. 결론은 라면을 튀기는 기름이 내 몸에 맞지 않는다는 것이다. '그렇다면 국물의 양을 줄이면 되지 않는가'에 착안하여, 일부러 자작하게 국물을 조절하니 역시 별 탈이 없었다.

요리를 따로 배운 적은 없다. 하지만 이것저것 만들어 보는 건 즐기는 편이다. 다만 어떤 음식은 한꺼번에 많은 양을 만들어야만 하고, 또 혼자 사는 형편에 설거지거리를 잔뜩 만들어 놓았다가 치우는 것도 영 귀찮은 노릇이었다. 그런데 자취생의 주식이라고 할만한 라면을 먹지 못하는 터라, 아무래도 갈수록 직접 밥을 해먹는 빈도는 줄어들 수밖에 없었다.

그런데 나영이와 있게 되면서, 나는 자의반 타의반으로 매일 밥을 해먹게 되었다. 타의라고 하면, 외식을 해선 생활비 지출이 너무 늘어나기 때문이었다. 재료를 사다가 요리를 하면 적은 비용에 훨씬 양질의 식사를 할 수 있다. 자의라고 하면, 나영이가 있는 덕분에 그동안 도전하지 못했던 요리들을 거리낌없이 만들 수 있었기 때문이다.

나영이는 뭐든 잘 먹기도 했지만, 식성이 나와 많이 비슷했다. 오랫동안 제대로 된 식사를 안정적으로 하지 못했기 때문인지, 나영이는 정말 주는 대로 잘 먹었다. 요리사는 요리를 먹어주는 사람이 있어야 신이 나는 법. 김치오뎅찌개, 순두부, 된장찌개, 닭찜, 닭볶음탕, 두부찌개, 숙주나물볶음, 굴소스 어묵볶음, 잔치국수, 비빔국수, 떡볶이… 나는 열심히 새로운 메뉴에 도전했고, 나영이는 그걸 국물 한 방울까지 먹어치웠다.

나영이는 라면을 무척 좋아해서, 나는 자주 5개들이 묶음을 사서 찬장에 넣어 놓았다. 내가 일하러 나갔을 때 끓여먹기 위한 용도였다. 나영이는 요리를 할 줄 몰랐고 흥미도 없었다. 비빔면을 만들 때 뜨거운 채로 소스를 끼얹는 걸 보고, 체에 받쳐 냉면 만드는 법을 가르쳐 줄 정도로, 어떤 재료가 어떤 메커니즘을 거쳐 먹거리가 되는지를 나영이는 전혀 몰랐다.

그래서 어떤 타협안이 만들어졌다. 나는 밥을 만들고, 나영이는 설거지를 한다. 밥을 다 먹고 나면, 나영이는 일단 '식후땡' 한 개피를 피운 후, 수세미에 세제를 잔뜩 묻혀 설거지를 했다. 세제를 너무 많이 낭비하는 건 흠이었다. 그건 끝내 고치지를 못했다.

"거품이 안 나면 설거지한 것 같지를 않다구요." 나영이는 그렇게 말했었다.

공부하기를 중단하고 난 이후, 나영이는 아마 나름대로 '이 집에 있을 이유'를 찾았던 것 같다. 다른 의미로는 자신이 나름 괜찮은 애라는 걸 보여주고도 싶었던 듯하다. 열심히, 정말 열심히 나영이는 설거지를 했다. 식후 30분이 지나면 싱크대는 반짝반짝 원상태로 돌아갔다. 나영이는 행주를 빨아 상을 닦곤, 다시 헹구어 싱크대 모서리에 넓게 펼쳐 걸어 놓았다. 내가 하던 그대로였다. 웃옷에 잔뜩 물이 튄 채로, 나영이는 쓱 돌아서서 묻곤 했다.

"인제 다 됐죠? 갈수록 느는 것 같지 않아요?"

그랬다. 얼마 안 가 나영이는 따로 시키지 않아도 설거지를 깨끗이 끝마쳤다. 식객의 입장에서 당연한 일이라고 생각할 수도 있다. 나영이도 이 정도는 하는 게 예의라고 입버릇처럼 말했다. 하지만 그 이면에, 남에게 인정받고 싶고 가출 소녀의 이미지를 벗어 던지고 싶은 욕구가 있다는 걸 나는 안다.

나영이의 뒷모습을 떠올리면, 글을 쓰고 있는 지금도 마음이 아파온다. 조건과 환경에 따라 사람은 얼마든지 다른 모습을 보일 수 있다. 되바라진 모습의 나영이와, 나중엔 손에 습진이 생길 정도로 집안 일에 열심이었던 나영이 중 어느 쪽이 그 사람의 본질인지는, 본인 자신도 모를 것이다. 아니, 그런 모습이라면 나도 여럿 갖고 있다. 만약 나영이에게 오랜 시간 신뢰를 갖고 대해준 사람들이 있었다면, 가족이 그 역할을 해주었다면, 나영이는 전혀 다른 청소년기를 보냈을 테고 지금과는 다른 현재가 되었으리라. 결국은 나도 나영이를 불신하는 사람 축에 끼고 말았지만, 특정한 모습이 나영이의 모든 걸 대변하지 않는다고 지금도 믿고 있다.

설거지에 칭찬을 들은 나영이는 이후 방 청소에도 손을 댔다. 나영이는 왜인지 모르지만 허리가 좋지 않았다. 서서 봉걸레로 방을 닦는 일조차 금방 힘들어했다. 그래서 청소를 마친 방은 닦았다기보다 그냥 물칠을 하고 지나간 정도였다. 그래도 이틀에 한번씩 청소를 하는지라 그리 더러울 일도 없었고, 잘하고 못하고를 떠나 자신이 인정받는 즐거움 때문에 시작한 집안 일이었으니, 나는 그저 잘했다고 칭찬을 해주었다.

그런 나날이 지속되면서 나영이는 눈에 띄게 살이 쪄버렸다. 밖엔 나가질 않고 집에만 있으니 당연하다면 당연하다. 처음 나영이를 만났을 때엔 약간 통통한 정도에, 늘 밖에 있느라 얼굴색은 검은 편이었다. 그러나 가을이 지날 무렵 나영이는 얼굴빛이 환해진 대신 배가 불룩 나와 버렸다.

"어휴, 제 배 좀 만져보세요."

나영이는 밥을 다 먹은 후 유난히 튀어나온 배를 두드리며 장난스럽게 말했다. 흡족한 표정이었다. 처음엔 나영이도 살이 찌는 걸 좋아했다. 맛있는 거 편히 먹는 게 너무 좋다면서 말이다.

하지만 입던 옷이 맞지 않는데 기분 좋아할 18세 소녀는 없다. 원래 나영이는 가방 하나 달랑 들고 다니던 터라 옷가지가 많지 않았다. 여름 옷으로 쭉 버텼지만 어느덧 쌀쌀한 날씨를 견디기 힘든 계절이 돼버렸다. 긴팔 옷이라도 사줄 생각으로 나갔을 때, 나영이는 프리 사이즈가 더 이상 맞지 않는다는 걸 알고 무지하게 상심했다. 자기 사이즈라고 고른 청바지도 단추가 채워지지 않았다. 뿔이 잔뜩 난 나영이는 공터에 나와 담뱃불을 붙이더니, 다 피울 때까지 자기를 위아래로 훑어보던 가게 주인의 욕을 늘어놓았다.

"왜 첨부터 반말이야? 내 다시 이 동네 와서 사나 봐라. 하나 같이 맘에 드는 게 없어."

욕은 하지 말라고 달랬지만, 나도 좀 기분이 나빴다. 어린 여자 손님이라고 점원이며 주인이 반말을 던지다니. 남자는 어리더라도 좀처럼 그런 일을 당하지 않는다. 주인들이 이런 아이들이 흔히 저지르는 좀도둑질에 이골이 났고, 또 조금 구경하다가 금방 구매해버리는 남자들에 비해 여성 손님이 좀더 까다롭고 피곤하게 군다는 점은 이해한다. 하지만 잘못은 잘못이다. 요즘엔 서비스도 좋고 비싸지 않은 쇼핑몰이 제법 있다. 이런 데서 구태여 마음을 상할 이유는 없다.

"그렇죠? 안 그러는 데도 많죠?"

"그래. 그건 저쪽에서 잘못한 거야. 근데 너네들도 물건 훔치고 그러지 않니?"

"… 예. 그런 적 있어요."

"앞으론 그러지 마라. 그러면 너도 딴 사람을 두려워하는 눈으로 보게 돼. 아까도 가게에서 너 엄청 소심하게 눈치 보더라? 물건 사러 온 사람은 떳떳해. 훔치는 애들이나 눈치를 보지."

"헐 그래요? 제가 눈치 봤어요?"

"그래. 넌 물건 사러 온 거잖아. 그럴 필요 없어."

말은 쉽게 했지만, 수중에 돈이 없는 상태에서는 손님으로서 떳떳한 습관이 들기 어렵다. 나는 2만 원을 꺼내서 나영이에게 주었다.

"이걸로 니가 사고 싶은 거 사."

"헐 왜요? 안 줘도 돼요."

"괜찮아. 많이는 못 주지만 그래도 너 사고 싶은 거 있을 거 아냐."

"아니에요. 주지 마세요."

"왜?"

"딴 데 돈 써버릴까봐 그래요. 돈 있으면 저 딴데 써요."

"어디? 뭐하는 데 쓰는데?"

"……"

"갖고 있어봐. 그럼 나중에 필요한 거 있으면 사고."

"아니… 그러면 만 원으로 컬러렌즈 사주시면 안돼요?"

"뭐?"

나영이는 이즈음 안경을 끼고 다녔다. 내가 사준 안경이다. 눈이 나쁜 나영이는 밖에 나다닐 때엔 렌즈를 껴야 한다고 졸랐지만, 나는 사주지 않았다. 더군다나 나영이가 원한

건, 내가 처음 아이들을 만났을 때 가지고 있었던 파란 색 컬러렌즈였다. 어른들이라면 절대 얌전한 애로는 봐주지 않을, 그러나 아이들 사이에선 '좀 노는군' 이란 표식 같은 아이템.

"그건 안돼. 딴 건 몰라도."

"아 왜요. 젤 갖고 싶은 게 그건데."

"야… 너한테 필요한 거라면 딴 것도 많아. 컬러렌즈는 꼭 필요한 게 아니잖아. 눈이 안 좋으니까 안경이 필요하고, 그래서 안경테를 해주는 건 괜찮다고. 근데 쓸데 없는 데다 돈 쓰는 건 이해가 안 돼."

"저한테는 꼭 필요한 거라고요. 친구들 만날 때 렌즈 안 끼면 바보 취급 당한다구요."

"그래도, 그건 안 돼."

나영이는 더욱 토라져서 입술을 삐쭉 내밀었다.

"이럴 줄 알았으면 그냥 2만 원 받을 걸."

나영이가 이럴 줄 알았다면 그 2만 원도 주지 않았을 거다. 그리고 구태여 귀찮게 옷을 사러 직접 나오지도 않았을 거다.

이전에 어느 날엔가 급하게 나가야 할 일이 있어, 나는 만 원짜리 한 장을 주고 뭔가 사 먹으라고 했었다. 나영이는 거의 매일 라면을 먹고 있었기 때문에 딴 거라도 사먹으라고 한 거였다. 밤에 돌아와 보니, 나영이는 또 라면을 끓여 먹었고, 만 원으로는 문화상품권을 사서 게임 아이템을 사버렸다. 그걸로 나영이는 게임 아바타 옷을 하나 샀다. 아직 더울 때의 일이다.

그 후로 나는 나영이에게, 쓰기 위한 용도에 정확하게 맞추어서만 돈을 주었다. 가령 김밥 두 줄을 먹겠다면 2천 원, 버스카드 충전을 해야 한다면 5천 원 식으로 짜게 굴었던 것이다. 필요한 거에 지출할 돈도 풍족하지 않은 마당에, 그런 곳에 돈을 써버리는 걸 도저히 참아낼 수가 없었다.

물론 나영이도 내가 왜 그러는지 이해는 했다. 다만 그러면 안 된다고 생각하면서도, 막상 수중에 돈이 있을 때 생기는 충동을 나영이는 참아내지 못했다. 스스로를 믿을 수 없었던 거다. 이것도 훈련이 필요한 일이긴 했다. 스스로를 믿을 수 없는 사람은 계속해서 자기를 학대하며 고통 받는다. 그리고 타인이 그 책임을 물을 때엔 스스로가 가한 죄책감의 반작용까지 더해져 한층 더 크게 반발한다. 당연히 타인은 어이없어 하고, 또한 나영이를 신뢰할 수 없게 된다.

그런 불신이 생기기 전에 약간의 돈을 주고 헛되이 쓰지 않도록 훈련을 시킬 필요가 있었다. 하지만 이즈음 나로선 아이들 세 명이 있던 때보단 나아졌다고 하나, 여전히 궁핍에 시달릴 때여서 만 원 한 장을 쉽게 쓰기 어려웠다. 무엇보다도, 나영이가 그 약속을 깼을 경우 어떤 벌칙을 주어야 하는 지 알 수가 없었다. 집이라면 부모가 야단을 치면 된다. 나영이에겐? 결국 쫓아내는 일로 귀결되지는 않을까? 그렇게 되면 내가 나영이를 데리고 있는 본래의 목적이 지켜지지 않게 된다.

문득 어린 시절 생각이 났다. 내가 받은 용돈이라곤 얼마 되지 않았다. 그조차도 부모가 보기엔 전혀 쓸모 없는, 오락실이나 군것질에 써버리고 말았지. 결국 쓸데없는 곳에 써버리는 게 용돈인 건가? 나영이도 그게 필요한 건가?

"… 알았어. 만 원으론 렌즈 사줄게."

나영이의 눈이 확 밝아졌다.

"진짜죠? 렌즈 사줄 거죠? 거짓말 하면 안 돼요."

"대신, 파란 색은 안돼. 검정이나 회색… 눈에 안 띄는 걸로."

"아 그래도… 알았어요. 얌전한 색깔이면 되죠?"

"응. 노는 애들처럼만 안 보이면."

"알았어요. 그럼 약속!"

나영이는 손가락 걸고 엄지 새끼 지장을 다 찍었다. 결국 사흘 후, 나는 동네 안경점에 가서 갈색 렌즈를 하나 사주었다. 만 원짜리 싸구려 렌즈는 나영이 시력하고도 맞지 않고 내구성도 없다. 하지만 나영이는 기필코 그걸 고집했다. 어쩌면 주머니 사정 감안한 행동일지도 모르겠다.

하나를 사고 나면 거기에 맞는 또다른 게 눈에 들어온다. 아예 일회성 선물이라면 모를까, 필요한 목록을 갖춰주다 보면 왜 여자애들에게 돈이 많이 드는지를 새삼 깨닫게 된다.

나영이가 갖고 있던 옷과 신발류는 전부 낡았기 때문에, 새것이 생기면 그것만 아끼게 되는 것도 당연하다. 하지만 새 티셔츠가 생기면 거기에 맞는 바지가 필요하다. 그래서 상설매장을 하루종일 뒤져 메이커 있고 저렴한 스키니 청바지를 찾아냈다. 이번엔 남루한 운동화가 눈에 너무 거슬린다. 다행히 거리 좌판대에서 예쁜 패션 운동화를 발견했다. 새 옷과 신발로 치장을 하고 나니, 이젠 매일 덕지덕지 바르고 있던 선크림 겸용의 BB크림이 맘에 들지 않았다. 허옇게 뜬 화장이 무언지를 확실하게 가르쳐준 그 물건 대신, 좀 얌전한 색조의 파운데이션과 로션을 사주었다. 필요하다곤 생각되지 않았지만 나영이가 절대 절대 필수품이라고 우겼던 2500원짜리 아이라이너도 결국은 계산대에 올랐다.

약 한 달에 걸쳐 나영이의 물건들은 그렇게 대체되었다. 이제는 날라리 티나고 유행까지 지난 옷들을 입을 필요가 없었다. 물론 나영이는 낡고 색 바랜 예전 것보다는 새 옷과 새 화장품을 무척이나 좋아했다. 예전의 자기 취향은 아니다 하더라도.

"이렇게 하니까 완전 얌전해 보이지 않아요?"

나영이는 새 옷들로 갖춰 입고 새 화장품으로 단장할 때마다 그렇게 말했다. 그때마다 아이라인만 그리지 않으면, 하고 나는 답했다. 거울을 보던 나영이는 칫 하고 대꾸했지만 싫지는 않은 표정이었다.

주위 사람이 무얼 좋아해주는가에 따라 사람의 취향은 쉽게 바뀔 수도 있다. 또 그렇게 바뀐 취향은 알게 모르게 자신에게 영향을 끼친다. 하부구조가 상부구조를 만든다고나 할까.

집안 일을 계기로 나는 나영이가 '좋은 아이'로서 살고 싶다는 소망을 알게 되었다. 그렇다면 그렇게 변할만한 또다른 계기가 있어야 했다. 공부도 그렇지만, 차림새를 바꾸는 것도 어쩌면 영향을 줄 수 있지 않을까, 그런 생각도 들었다. 처음부터 의도한 일은 아니었다. 어쨌든 나영이는 옷이 필요했으니까. 돈이 어떻게든 조금씩 들어온 것도 다행이라면 다행이었다. 갑자기 일이 늘지는 않았지만 꽤 열심히 매달린 덕분에 전보다는 수입이 괜찮았다.

생활비 말고도 이래저래 돈이 제법 들어갔지만, 그게 아깝다는 생각은 들지 않았다. 어쩌면 돈이란 건 쓸 곳이 생겨야 비로소 생기고 가치를 얻는지도 모른다. 혼자 있었다면 또 쓸데없는 데다 돈을 썼을지 모를 일이다. 그러고 보면 나도 나영이처럼 자기 자신을 못 믿는 건가. 결론적으로는 나영이 덕분에 밤에 쓸데없는 술자리 나가지 않게 되었으니 좋지 않은가, 그렇게 생각하기로 했다. 남을 위해 돈을 쓰는 일은, 그리고 나영이가 기뻐하는 모습을 보는 건 그리 기분 나쁘지 않았다. 내게 더 많은 돈이 있었다면 오히려 소비가 주는 가치를 이 정도로 크게 느끼지 못했을 것이다.

어느 날, 나영이는 엄마를 만나러 나간다고 했다.

"친엄마?"

"가끔 갑자기 전화를 해요. 언제 어디서 보자고. 아 근데 귀찮아. 너무 멀어요."

"그래도 엄만데, 가서 봐야지. 엄마 만나면 뭐하니?"

"그냥 밥 먹고… 맨날 해장국 먹어요. 용돈 좀 줄 때도 있고. PC방도 같이 가요."

"엄마는 혼자 살아?"

"무슨 식당 일한다고 그랬어요. 바쁘다고. 지금은 어디 사는지 확실하겐 몰라요."

"그럼… 엄마한테 가서 사는 건 안되니?"

"전에도 물어봤었는데 안 된대요."

나영이는 시큰둥하게 대답했다. 나영이는 이전에 친엄마 얘기를 거의 하지 않았다. 왜 엄마가 나영이를 챙기지 않는지는 의문이었다. 아무리 어렵더라도 엄마와 같이 있는 게 돌아다니는 것보단 나을 텐데.

"그런데 이번엔 용돈 좀 주려나. 한 5천 원 정도 주거든요. 아 이번에도 돈 안 주면 어떡하지."

나영이는 옷을 고르다 말고 방바닥에 주저앉으며 혼잣말처럼 불평했다. 나영이에게 엄마는, 그저 만날 때마다 용돈 좀 주는 어른에 불과했다.

"엄마랑 같이 살고 싶은 생각 없어? 만약에 엄마가 괜찮다고 하면 말야."

"한번 물어보라구요?"

"… 아무래도 그래야 되지 않겠니? 니가 잘 데만 제대로 있어도 내가 도와주기 훨씬 나을텐데."

"근데, 엄마는 나 별로 안 좋아하는 거 같아요. 아빠랑 이혼하고서, 쭉 할머니랑 살았거든요. 근데 할머니가 엄마 안 좋대요. 욕 많이 했어요. 한번 쳐다보지도 않는다고. 근데 그건 아빠가 잘못한 거 같아요. 새엄마가 자꾸 바뀌었거든요. 전에는 조선족 새엄마도 있었어요. 그 새엄마는 나한테 잘해줬는데. 지금 새엄마도 처음엔 좋았어요. 내가 잘못해서 그렇지. 아 나 또 뭔 소리래. 뭔 얘기할라고 그랬지.”

나영이는 늘 그랬듯이 두서없이 말을 이어갔다. 부모가 이혼을 하게 된 이유를 나영이는 아무렇지 않게 이야기했다. 그 상처를 여기서 서술하긴 곤란하지만, 엄마가 나영이를 외면했던 이유와 관련 없지는 않다. 여자 혼자 벌어먹고 살아야 하는 힘든 현실도 엄마와 나영이의 거리두기에 한몫 했을 것이다. 시간이 오래 지난 후, 엄마가 나영이를 다시 보겠다고 마음먹었을 즈음엔 이미 나영이는 불량소녀가 되어버렸다. 엄마와의 정다운 기억 따위는 나영이에게 없다. 그래도 친엄마니까, 뭔가 무조건적인 사랑을 베풀어주길 나영이는 기대하고 있다. 그 사랑이 돈으로 귀결돼버리는 게 문제지만 말이다.

“그래도 한번 물어봐. 넌 친엄마랑 살기 싫니?”

“싫은 건 아닌데, 엄마는 진짜 돈이 없어요. 엄마가 그렇게 말해요. 어쨌든 물어볼게요.”

나영이는 새로 사준 옷으로만 단장하고 집을 나섰다. 엄마 앞에서 없어 보이기 싫다면서.

오랜만의 적막감이었다. 빨래할 옷가지를 모아 세탁기에 넣고 돌리고 나니 새삼 방안이 휑하게 넓어 보인다. 밥을 채근하는 소리도 들리지 않았다. 나는 패스트푸드점에 가서 할인 런치를 사 먹었다. 나영이는 햄버거를 그리 좋아하지 않았다. 꽤 오랜만에 먹는 햄버거였다.

나영이는 밤늦게 돌아왔다. 손에는 쇼핑백 두 개가 들려 있다. 엄마가 사준 옷이라고 했다.

"추워지는데 옷 없다고 했더니, 엄마가 긴팔 옷 사줬어요."

나영이는 그 중 신경 써 골라온 검은 색 코트를 펼쳐 입어 보았다. 조금 작다. 태그에 붙은 가격표를 보니 나영이 엄마도 꽤 힘들게 살고 있다는 걸 짐작할 수 있었다.

"엄마한테 얘기는 해봤니?"

"뭐요?"

새옷 입어보느라 한창 신났던 나영이가 어두운 얼굴을 하고 대꾸했다.

"집 말이야. 같이 있어도 되냐고…"

“물어봤어요. 근데 너무 좁대요. 그리고 엄마 방도 아니래요. 남자친구랑 같이 있대요. 오늘은 남자친구가 일하러 먼데 갔대요.”

나영이는 그리 기쁘지 않은 내색이었다. 아마도 자기가 내쫓기는 기분이 들었을지도 모르겠다. 그래도 어쩔 수 없다. 나영이는 엄마에게 친구랑 같이 살고 있다고 거짓말을 했다. 어느 누구도, 남자 어른과 같이 살고 있는 현실을 곱게 이해하지 않을 것이다. 조심스럽다. 최소한 잘 데라도 제대로 마련된다면 훨씬 마음을 놓을 수 있을 텐데. 하지만 나영이 친엄마도 결국 도움이 되진 못했다. 부모들이 방치한 책임을 내가 져야 한다니, 또다시 그런 억하심정이 들었다. 아무도 나에게 강요하지 않았으니 그런 생각은 잘못일 터이지만.
“용돈은 받았니?”
“오늘은 옷 사준다고 못 받았어요.”
“그래⋯ 엄마도 힘들겠지. 너한테 사준 옷도 그래도 딸이니까 어렵게 해준 거야. 고마워해야지.”
“그래도 딸이라서 엄마가 신경 써주는 거죠?”
“그럼, 당연하지. 안 그런 거 같애?”
“모르겠어요. 엄마 만난 지 그렇게 오래되지 않아요. 갑자기 연락해서 당장 몇 시까지 오라 그러고.”

나영이는 제 사정에 맞춰주지 않는 엄마가 불만이었다. 그러더니 갑자기 나영이는 화제를 바꾸었다.

"빨리 알바 해야 되겠어요."

"왜 갑자기?"

"전부터 알바 한다고 그랬잖아요."

"니가 말만 그랬지 뭘 한 건 없잖아."

"아 그래도. 인젠 진짜 할 거에요."

"알바 하는 거야 좋지. 근데 왜 빨리 해야겠다고 생각한 거야?"

"나도 돈 벌어야 되잖아요."

이것저것 새 물건이 생기면서, 나영이는 아무것도 자기 힘으로 살 수 없는 처지가 불만스러웠던 모양이다. 남 눈치 보지 않고서 사고 싶은 대로 사고 싶겠지. 물론 방세나 식비에 훨씬 많은 돈이 든다는 데까진 생각이 미치지 않는다. 빠르든 늦든, 그리고 돈을 어디다 쓰든 간에 나영이가 알바를 해야만 할 거다. 그리고 사회에서 자신을 어떻게 대하는지 경험하게 될 것이고.

"근데 알바 하려면 신분증 있어야 돼요. 동의서도 있어야 하고."

"그렇겠지. 너 주민등록증 만들어야 하지 않니?"

“전에 연락 왔었는데… 그럼 원래 주소로 가야 돼요?”

“아마 첨에 만들 땐 그럴걸? 사진만 있으면 되는데, 없으면 동사무소에서 찍어줄 지도 모르겠네.”

“아 근데 거기까지 언제 가.”

“하루 시간 내서 가면 되지, 뭘 또 귀찮아하냐. 어쨌든 넌 학생증이 없으니까, 신분증이 있긴 있어야 돼.”

“아빠한테 한번 얘기해볼까요?”

“그것도 좋고. 아빠랑 같이 가면 좋지 뭐.”

나영이는 잘 모르는 일을 혼자 처리하기가 두려웠던 모양이다. 그게 확실하게 증명된 사건도 나중에 벌어졌지만, 이 즈음에는 그저 그렇구나 정도로 단순하게 넘겨 버렸었다. 선입견이란 무섭다. 오랫동안 집을 떠나 되는 대로 살아온 가출소녀니까 제 맘대로 되바라지게 행동할 거라는 이미지가 여전히 내게 남아있었던 것이다. 실은 아이들이 흔히 그러듯, 나영이도 무조건 엄마 아빠부터 찾고 보는 어린 소녀에 불과했던 거였는데.

다음날, 나영이는 아빠에게 전화를 했다. 이전에 집에 갔다가 바로 돌아온 이후론 첫 연락이었다. 나영이는 아빠가 화를 내면 어떡하나 걱정을 했다. 그럴 이유가 없다고 달랬지만, 이전에도 이유 없이 화내고 욕했다며 나영이는 내 말을 믿지 않았다.

다행히 연락이 되었다. 나영이는 얼굴이 밝아졌다.

"아빠가 오래요. 민증 만들러 같이 가준대요."

"거봐. 아빠가 화 안 낼 거라고 했잖아."

"글쎄 말에요. 아무튼 갔다 올게요."

"웬만하면…"

이전 일을 생각하니 말이 조금 조심스러워졌다. 그래도.

"웬만하면, 새엄마 때문에 집에 돌아가기 어려우면 있을 곳이라도 구해 달라고 아빠한테 얘기해 봐."

"고시원 같은 데요?"

"그래. 부모님 동의서 있으면 들어갈 수 있다며. 네가 어디 있는지 아빠가 알고 있는 게 좋아. 그 동네라면 아주 비싸진 않겠지. 거기 있으면서 알바 구해 네가 쓸 거 쓰고, 그러면 좋을 거 같다."

"고시원보다는 원룸이 좋은데."

"그야 그렇지. 근데 상황을 보면 아빠한테 보증금 구할 돈은 당장 없을 거야. 고시원은 월세만 있으면 되지만, 원룸은 한 몇 백만 원 보증금이 있어야 돼. 아니면 월세가 너무 비싸거든."

"제가 집에 돌아가는 게 좋아요?"

"당연하잖니. 솔직히 너 알바도 지금 같아선 제대로 못해. 너는 여기 있으면 좋겠다고 생각하는지 모르겠지만… 그렇게 생각하니?"

"전 여기가 좋아요. 밥도 있고, 게임도 하고, 갈구는 사람도 없고."

나영이가 이 집을 좋아한다고 말하니 기분이 좋긴 했다. 하지만 그건 언제고 중단될 수 있는, 기약하지 못할 일.

"내 생각은 안 해봤니?"

"오빠가 왜요? 돈 때문에요?"

"돈보다도… 그래, 그것도 중요하지. 근데 내가 여자친구 사귀면 어떡하지? 친구들을 집에 데려오지도 못하잖아? 결혼하게 되면?"

"그러면 그때 나가면 되죠."

"그러니까. 결국 나가야 되잖아. 그때 넌 아무것도 없이 또 예전처럼 돌아다녀야 돼. 그러니 미리 있을 데를 구해놓고, 알바도 하고, 니가 원한다면 여기 와서 놀든 공부를 하든 해도 되잖니."

했던 말을 반복하는 느낌이 들었다. 나영이는 자꾸 잊어버린다, 아니 자꾸 현실을 회피하려 든다, 나는 그렇게 생각했다. 나영이를 무시하는 걸까? 그렇다 해도, 얘기 안 할 수도 없다. 늘 가슴 속에 쌓여있는 답답함. 남들에게 얘기하기 힘든 지금의 처지. 나영이에게 말할 때마다, 나의 스트레스를 나영이에게 풀어놓는다는 죄책감과, 스스로 져야 할 책임은 떠맡을 줄 알아야 한다는 당위성이 늘 갈등한다.

"알았어요. 아빠 만나면 얘기할게요."

나영이는 순순히 응했다. 안타깝다. 당연한 게 당연히 흘러가지 않는 상황, 해야 할 말이건만 거기에도 개입하는 나 자신의 욕망. 내 생활을 찾고 싶다는 바람이 나영이에게 던지는 말 속에 숨어있음을 느낀다. 따지고 보면 내 생활이라 규정지을 알맹이가 대체 있는지도 의심스러웠으면서.

주민등록증을 만들려면 사진을 찍어야 하기 때문에, 그러면 예쁘게 꾸며야 하기 때문에 나영이는 꼼꼼하게 화장을 한 후 가장 맘에 드는 옷을 입고 길을 나섰다. 아빠 앞에선 화장을 하면 혼난다고 나영이는 말했다. 그래서 드러나지 않으면서도 제 맘에 드는 어떤 절충선을 찾느라 제법 화장에 시간이 걸렸다.

저녁 무렵 나영이는 돌아왔다. 엄마를 만났을 때보단 훨씬 이른 시간이다. 아빠는 같이 놀아주지 않는 모양이다.

"잘 됐어?"

“예. 아빠 만나서 사진 찍고… 일주일 후에 찾으러 오라고
했어요.”

“음. 민증 생기면 잘 간수해. 절대로 남한테 빌려주지 말
고.”

“알아요. 그리고, 아빠가 집에 들어오라고 했어요.”

“어? 진짜?”

“새엄마랑 얘기했대요. 저번에 그때 새엄마가 좀 심했다
고… 다시 들어오면 안되냐 그러니까 새엄마가 아무 말 안했
대요.”

의외였다. 아니, 다행이었다. 고시원보다야 집이 백배 낫다.

“아 근데 새엄마랑 같이 있기 싫은데. 차라리 방 얻어 주
지.”

“무슨 소리야. 집이 낫지. 너도 고시원에 별의별 사람들 있
는 거 알잖아.”

“아 그렇긴 한데… 집엔 컴퓨터도 없어요.”

“니 맘에 안 드는 게 많아도, 전에도 말했잖니. 당분간은
참아야 된다고. 너 성인 되면 집 나와도 뭐라 그럴 사람 아무
도 없어. 그때 가서 맘대로 해.”

“그땐 진짜 혼자 살 거에요.”

“그래. 아빠가 언제 오라고 하든?”

“전화하라고 그랬어요. 지금 저 친구네 있는 줄 알거든요.
전화한 다음에 바로 들어오래요.”
“잘 됐다. 잘 됐어.”

막상 들어간다고 하니까, 아쉬운 마음이 든다. 먼 거리 오
가는 일을 나영이는 꽤나 싫어한다. 집에 들어가고 나면 아
마 만나기 힘들 거다. 내가 그 동네로 가지 않는 이상엔.
“오빠도 저 집에 들어갔으면 좋겠어요?”

나영이가 문득 물었다.
왜 그렇게 물었을까, 이런저런 생각이 교차한다. 다시 새엄
마와 지내려니 두려운 걸까. 그것보단 여기서 배 두드리던 시
절이 좋았던 걸까. 그리고 다시 요상한 상상력이 꿈틀댄다.
“물론 좋지. 당연하잖아. 난 너가 집 나온 애로 보이는 게
싫어.”
“그래 보여요?”
“뭐 지금은 꽤 얌전해졌지만 말야.”
“그쵸? 인제는 범생이 같죠?”
“그래. 아이라인만 빼면.”

나영이는 자신이 달라졌다는 평가를 듣고 싶어했다. 결국

은 칭찬을 원하는 거다. 원래부터 나영이가 얌전한 걸 좋아했다기 보다는, 내가 좋아하는 방향으로 자신을 바꿈으로써 호응을 얻길 바랬다. 그걸 생각하면, 나는 나영이의 아빠와 새엄마가 나영이에게 무얼 바랄 건지 궁금했다. 지금까지 들었던 얘기로 보면, 나영이가 칭찬을 듣기는 어려울지 모른다. 또 하루아침에 나영이가 바뀔 리 없다. 완급은 필요하다.

나는 나영이가 담배 피우는 걸 끊게 하지 못했다. 나영이는 종종 담배를 피우면서 깊게 한숨을 내쉬곤 했다. 산전수전을 다 겪은 노인네 마냥. 나는 그 모습을 보며 자신도 기억하지 못하는 오랜 방황의 나날들을 뱉어내는 듯한 느낌을 받았다. 사실 나영이에겐 담배 이외에 다른 스트레스 해소법이 없기도 했다. 미성년자가 담배를 피워선 안된다는 규정엔 합리적인 근거가 있다. 그러나 나는 그 관념적인 규정이 나영이에게 어떤 도움을 줄 수 있는지 근거를 찾지 못했다. 눈앞의 밥벌이조차 현실화하지 못하는 나영이에게 폐암의 가능성이 현실의 무게로 다가올 리 없었으니.

문득 예전 일이 생각났다. 유미와 은비가 있었을 적, 나는 아이들이 담배 피우는 게 싫고 또 담뱃값도 너무 버거운지라, 담배 살 돈이 없다고 거짓말을 한 적이 있었다. 그날 밤엔 나도 애써 담배를 참았다. 아이들은 그때 잠깐 바람을 쐬겠다며 밖으로 나갔다. 한 시간 정도 지났을까, 아이들이 우루루 집안으로 달려 들어왔다. 그러면서 아주 기쁜 목소리로 내게 말했다.

"오빠 담배 피워요. 여기 담배 있어요."

유미가 내민 것은 반 갑 정도 남은 담뱃갑이었다. 그리고 은비는 피우던 걸 주면 어떡하냐고, 새 걸로 드리라고 유미에게 핀잔을 주었다. 나는 어안이 벙벙해서 어디서 담배가 났느냐고 물었다.

"밖에 나가서 앵벌이 했어요. 지나가던 아저씨한테 담배 좀 달라고 하고… 그러면 있던 거 주는 아저씨도 있고, 새로 사주는 사람도 있어요. 인제 담배 있으니까 같이 피워요."

아이들은 신이 나서 말했다. 희로애락이 한순간에 섞인 듯한 감정을 그때 느꼈다. 남한테 구걸하는 걸 부끄럽게 여기지 않다니. 그리고 내게 담배를 주기 위해서 그런 짓을 하다니. 그렇지만 아이들은 분명 내가 기뻐할 거라고 여겼으리라.

그 후론 순순히 담배를 사주었다. 앵벌이짓을 할 상황을 스스로 만들 수는 없었으니까.

나영이의 아빠와 새엄마도 그런 일을 겪었을까. 모르는 일이다. 그저, 아직은 제멋대로일 나영이를 조금만 더 이해해주고 참을성 있게 대해주었으면 좋겠다는 생각이 들었다. 부모도 아닌 내가 뭘 얼마나 안다고 이러는지 모르지만.

　나영이는 어느덧 옷이 꽤 많아졌다. 내가 사준 옷가지와 신발, 잡동사니들도 있었고, 바로 최근에 엄마가 사준 옷들은 겨울 대비용이라 부피가 제법 나갔다. 나영이가 가지고 있던 가방으로는 어림도 없었다. 큰 쇼핑백과 비닐봉지를 동원해 꾸겨 넣으니 5개가 넘었다. 한번에 갖고 가기엔 너무 부피가 컸다.

　"안되겠다. 한번에 다 가지고 가긴 힘들겠어. 우선 필요한 것들만 챙기고, 다음에 다시 와서 나머지를 갖고 가는 게 낫겠다."

　"그래도 돼요?"

　"그게 나을 거 같아. 정 원한다면 내가 부쳐줄게."

　"아니에요. 담에 와서 가져갈게요. 아 근데 이거 다시 싸야 되잖아. "

　나영이는 툴툴대며 기껏 눌러 담은 쇼핑백을 펼쳐서, 다시 정리를 시작했다. 겨우 가방 하나와 쇼핑백 하나에 가져갈 물건을 채워 넣고, 나머지 쇼핑백은 방 구석에 밀어놓았다.

“인젠 진짜 가네요.”

“그래. 이거 차비로 쓰고… 뭐 사먹든지 해.”

“알았어요. 전화할게요. 전화 생까지 않을 거죠?”

“왜 생까냐. 너 물건 가지러 다시 와야 되잖아.”

“아 그렇지. 알았어요. 나오지 마요.”

나영이는 신발을 다 신고, 잔뜩 부푼 가방과 쇼핑백을 들고 일어섰다.

“그럼 나중에 봐요. 며칠 안에 전화할게요.”

“그래. 뭔 일 있으면 연락해.”

나는 나영이를 꼭 안아주었다. 처음 안아보는 나영이다. 따뜻했다.

“지하철역까지 데려다 줄까?”

“아뇨 됐어요. 그냥 있어요.”

“… 너 딴데 갈라 그러지? 집에 안 가고 PC방 갈 거지?”

농담처럼 한 말이었는데, 나영이가 놀라는 표정을 지었다.

“어떻게 알았어요? 사실 오빠가 돈 줘서 이걸로 PC방 가려 그랬는데…”

“어이구. 집에는 언제 가구?”

“아빠가 저녁 때 들어올 거에요. 그때 맞춰서 갈 거에요.”

“… 알았다. 돈만 생기면 무조건 PC방이구나. 집에 도착하거든 전화해.”

“오늘 밤에요?”

“그래. PC방 간다니까 괜히 좀 그러네.”

“ㅋㅋ 알았어요. 전화할게요.”

나영이는 나갔다. 이제는 정말 나갔다. 내가 바라던 상황대로.

남아있는 쇼핑백들을 보며 담배를 한 대 피웠다. 그것 말고는 할 게 없었다. 그리고 나영이가 하듯 긴 한숨처럼 연기를 창 밖으로 내뱉었다. 정말로, 그땐 그것밖에 할 수 없었다.

대형
사고

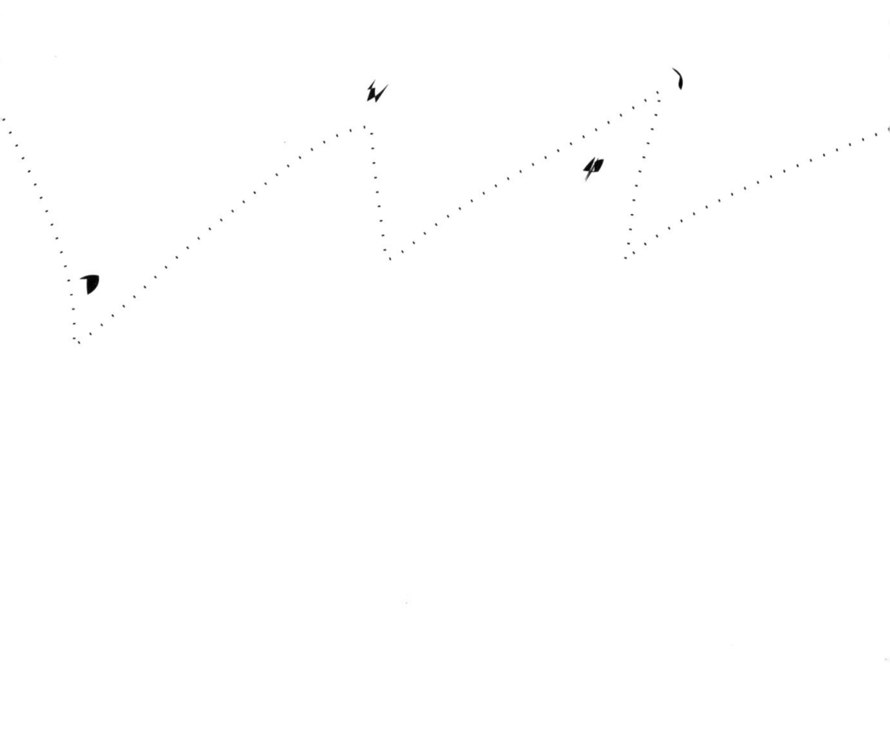

사흘쯤 지난 후, 나영이에게서 전화가 왔다.

"잘 지내세요?"

"나야 잘 지내지. 너야말로 잘 지내니?"

"예… 저기, 내일 거기 가도 돼요? 어디 나가는 거 아니죠?"

"응. 어차피 물건 가지러 와야 되잖아."

"아 그렇지. 그럼 일어나는 대로 갈게요. 어디 나가지 마세요."

"내일은 별일 없으니까 집에 있을 기야."

"알았어요. 내일 봐요."

반갑기도 하고, 와서 또 무슨 얘기를 하려나 걱정도 되는 연락이었다. 그래도 집에서 다시 나왔다는 얘기가 아니어서 다행이었다. 밥은 제대로 먹고 오려나. 식사 준비라도 해놓는 게 낫겠다 싶어 나는 마트에서 장을 봐놓았다. 나영이가 늘 좋아하는 부대찌개로. 마치 여자친구가 집에 놀러 오겠다고 했을 때의 기분 같았다. 겨우 며칠이지만 나영이가 보고 싶지 않았다고 하면 거짓말이다.

하지만 일어나는대로 오겠다던 나영이는 오후가 지나고 해가 저물어도 오지 않았다. 전화라도 해볼까 싶었지만, 괜히 내가 여기 오라고 채근하는 모양 같아서 그만두었다. 어차피 꼭 오늘 오지 않아도 그만이다. 다만 나영이를 기다리다가 식사 시간을 놓쳐 버렸다. 밤 9시를 넘기고 나서야 나는 나영이 기다리는 걸 포기하고 저녁을 먹었다.

저녁을 먹고 막 상을 치워놓았을 즈음, 초인종이 울렸다. 나영이였다. 역시나 화장을 진하게 한 얼굴이었다. 엄마가 사준 검은 색 코트를 입고 있다.

"오빠, 저 왔어요. 헥헥."

"음음."

나영이는 급하게 신발을 벗으며 헉헉거렸다. 집으로 오는 5층 계단을 올라올 때마다 나영이는 숨이 차곤 했다. 시큼한 발냄새가 난다. 하루종일 밖에 있었던 게다.

"온다고 그래서 기다렸는데, 집에서 오는 게 아닌가 보네?"

"어 친구 만나느라고요. 경희 알죠."

경희는 나영이가 게임을 하면서 늘 같이 놀던 친구였다. 나영이는 제일 친한 친구가 경희라고 하면서, 경희를 잘못된 길로 빠뜨린 게 자기라고 얘기했었다. '자기가 철 없을 적에' 경희를 때린 적도 있었고, 담배도 가르쳤다고 했다. 결국 경희도 학교를 그만두었지만, 나영이 패거리처럼 집을 나오지는 않았고, 검정고시 학원을 다니다 지금은 쉬고 있다고 그랬었다. 나는 그런 과거가 있다면 나영이를 곱게 보기 어려울텐데, 어떻게 해서 친구 사이를 유지하는지 조금 의아했다. 하지만 나영이의 단편적인 설명만으로 판단할 수는 없는 일이다.

"하루종일 또 PC방에 있었던 거니?"

"집에 컴퓨터가 없어요. 저 사흘 동안 지겨워 죽는 줄 알았어요. 그래서 오랜만에 놀다 보니까 시간이 늦었네요. 죄송해요."

"그건 그렇고… 벌써 밤 10시가 넘었어. 차 끊기기 전에 집에 가야지."

"아 그냥 여기서 자고 가면 안돼요? 되게 피곤한데."

"안돼."

난 좀 단호하게 말했다. 집 밖에서 자는 게 습관이 들면 안된다. 그리고, 여기 있으면 위험하다.

"왜요? 집에 누구 와요?"

"그래서가 아니라, 집을 두고 왜 밖에서 자냐. 집에 들어온 지 며칠도 안돼서 또 외박하면, 아빠가 퍽이나 좋아하겠다."

"아빠는 신경도 안 써요. 보나마나 술 마시고 들어올텐데."

"그래도 집에 있어야 돼. 혹시 친구네 집에서 자더라도, 이러이러해서 어디에 있다고 꼭 전화해서 알려줘야 되고."

"그럼 아빠한테 전화해요?"

"응?"

"아빠가 외박해도 된다고 그러면 자고 가도 되죠?"

제발 그러지 말아라, 하는 목소리가 마음 속에서 맴돈다. 막상 네가 가고 나니까 무슨 생각이 들었는지 너는 모를 게다. 그냥 눈 딱 감고 하고 싶은 대로 할걸, 본전도 못 찾는 짓 오래도 했네, 그렇게 실컷 후회하고 있었단 말이다. 근데 이렇게 나오면 어떡하냐. 짐을 챙겨 나갈 때 안았던 따뜻함이 여전히 가슴팍을 들뜨게 하고 있는데, 네 스스로 여기서 자겠다고 나서면 너무 힘들다.

"… 그냥 들어가라. 외박도 어쩌다 해야 아빠가 안심하지, 며칠 지나지도 않았잖아."

"오빠가 그랬잖아요. 아빠한테 허락 맡으면 된다고. 저 여기 있는 거 싫어서 그래요?”

“그건 아니야… 알았다. 아빠한테 전화해.”

그냥 수락했다. 복잡미묘한 심경이다. 나영이 아빠가 어떻게 반응을 해도, 나는 다 좋아하고 또한 다 싫어할 거다.

나영이는 아빠에게 전화를 걸었다. 몇 마디 나누더니 나영이는 곧 휴대폰을 끊었다.

“뭐래?”

“아빠 술 먹었어요. 니 맘대로 해라 이년아, 그러는데요. 왜 욕을 하고 그래.”

“니가 안 들어온다니까 화가 나서 그러지.”

“아 근데 술 먹으면 자다가 깨우고 그래요. 그리고 지금 들어가면 새엄마도 안 좋아해요. 알잖아요. 손님들 오는 거.”

나영이 새엄마는 밤마다 큰방에 사람들을 모아놓고 불법 고스톱 도박장을 차렸다. 아줌마들이 주로 온다고 했다. 고스톱을 칠 줄 모르는 나영이는 거기서 어떤 일이 벌어지는지는 보지 못했다. 그 얘기는 이미 나영이에게 들어 알고 있었다.

새엄마는 집으로 돌아온 나영이에게 별 신경을 쓰지 않았다. 무시했다고 보는 게 맞겠다. 나영이 표현에 의하면 하루에 한 마디도 건네지 않았다. 공부를 하라고도, 알바를 하라고도 하지 않았다. 다만 큰방에는 절대로 접근도 못하도록 새엄마는 단단히 주의를 주었고, 예전에는 혼도 냈다고 나영이는 말했다. 밤이면 나영이는 작은 방에서 나오지 못했다. 그 방엔 TV도 컴퓨터도 없다. 오로지 휴대폰으로 문자하는 것 말고는 할 게 없다. 밥은 냉장고와 밥통을 뒤져 자기가 대충 챙겨 먹어야 한다. 아줌마가 오면 괜찮게 먹을 수 있다고 했는데, 아마도 일주일에 한두 번 가사도우미를 부르는 것이라고 나는 짐작했다.

도박장이 주수입원이고 살림이 존재하지 않는 가정에서, 아이가 관심 받으며 커나갈 순 없으리라. 어떤 면에서 이곳이 나영이에게 훨씬 나은 환경이라고 나는 생각했고, 하루빨리 집에 들여보내지 않고 나영이의 의견을 존중한 것도 그래서였다. 일종의 합리화이긴 하지만. 나영이네가 무얼로 먹고 살든 내가 관여할 바는 아니다. 다만 나영이가 집에서 구체적으로 어떻게 지내는지를 들은 건 처음이었다. 거기에 비하면 이곳에선 TV도 게임도 맘껏 할 수 있고, 부족한 솜씨나마 새로 끓인 찌개를 하루 한 번은 먹는다.

"그니까 오늘은 자고 들어갈게요. 아빠도 맘대로 하라잖아요. 네? 알았죠?"

나영이가 얘기하는데 갑자기 나영이 휴대폰이 울렸다. 나

영이는 궁금한 표정으로 전화를 받았다가, 잠시 그대로 있더
니 대꾸 없이 끊었다.

"뭐라고 하서?"

"몰라요. 나 때문에 소주 두 병 마셨다면서 못 알아 듣는
소리 해요. 속상하대요."

"오기 전에 아빠랑 무슨 일 있었어?"

"아뇨. 아빠는 술 마시면 항상 그래요."

나영이는 맡겨 두었던 짐에서 편한 옷을 꺼내 갈아입고,
욕실에 가서 세수를 했다. 나는 말리지 않았다. 하루종일 PC
방에 있었더니 피곤하다면서, 나영이는 익숙하게 이부자리
를 펴고 드러 누웠다. 그리고 곧 코를 골며 잠에 빠져 들었
다. 잠 드는 데 5분도 걸리지 않았다.

막상 잠에 든 모습을 보니 측은했다. 남의 집에서 더 편하
게 잠에 빠져든 나영이. 나영이는 잠이 들면 제아무리 큰 소
리가 나도 깨지 않는다. 잠버릇도 험하다. 발로 차는 건 흔하
다. 그리고 자다가 더우면 속옷까지 위로 제껴버리는 습관도
있다. 유미 은비가 있을 적에도 그랬다. 그땐 유미를 깨워서
저 옷 좀 어떻게 하라고 했다. 하지만 여기에 혼자 있을 때에
는 뭐 어떻게 할 수도 없었다. 처음엔 스스로 찔려서, 아침에
일어난 뒤에 수줍은 고백처럼 얘기하기도 했다.

“그 옷 있잖아. 그거 내가 그런 거 아니다. 혹시나 해서 말
하는 거야.”
“뭐가요?”

그때 나영이는 영문을 모르겠다는 표정으로 날 쳐다보았다.
“아니 그… 니가 아침에 그러고 있었잖아… 그러다가 니가
옷 내렸는데… 내가 그런 거 아니라구.”
“제가 뭘 어떻게 했어요?”

나영이는 자기가 잠결에 한 행동을 전혀 기억하지 못했다.
옆구리를 발로 차고, 어깻죽지로 내 목을 눌러댔어도 모른
다. 모르는 사람에게 변명 비슷한 말을 하는 꼴도 우스웠다.
그 후론 아무 말 하지 않았고, 관심도 껐다. 어쩌면 나영이는
다 알면서도 모르는 척 연기한 것일 수 있다. 이후에 그런 잠
버릇을 발견한 건 아주 드물었으니까.
물론 나도, 나영이 스스로가 내게 관심을 보였다면 아마
마다하진 못했을 거다. 하지만 나영이는 절대 그러지 않았
다. 옷을 갈아입을 때나 샤워를 하면 꼭 나에게 단속을 시켰
다. 나영이는 자신이 뭣도 모르고 원조교제를 한 걸 굉장히
후회했다. 남들이 자길 헤픈 여자로 보는 걸 너무나 싫어했
고, 게임을 하다가 그런 류의 욕설을 들으면 더욱 걸걸한 욕

으로 되받아쳤다.

생각으로야 별의별 상상을 다 해보았지만, 막상 사람을 앞에 두었을 때엔, 욕망이 아닌 교감이 더욱 크게 다가온다. 나영이는 남자와 잠자리하는 걸 원하지 않는다. 그리고 내가 그러지 않을 거라고 믿고 있다. 경계심은 오래 전에 풀어졌다. 그걸 알고 있으면서 욕망에 따라 행동한다면 배신이다. 진짜 내 욕망은 상대 역시 그걸 원할 때에만 실현될 수 있겠지. 나영이가 나와 이 집을 좋아한다는 사실이 나는 기뻤고, 나영이와 멀어지더라도 그 기억만은 가지고 있길 바랬다. 나는 잠든 나영이를 보며 나 스스로에게 약간 상을 주기로 했다. 조금은 자부심을 가지자, 내가 살아오면서 그래도 남에게 좋은 일을 했다고.

다음날 점심까지 챙겨 먹고서 나영이는 집으로 돌아갔다. 전에 남겨둔 쇼핑백 하나를 가지고. 거기엔 잠깐 공부했던 교과서와 노트류가 들어 있었다. 집에 가면 할 게 없어서, 혹시 생각나면 공부를 하겠다고 나영이는 말했다. 나는 그걸 꼭 아빠에게 보여주라고 했다. 혼자서 공부를 하게 될 지야 모르지만, 적어도 아빠를 흐뭇하게 해줄 순 있을 거라고 나는 생각했다.

그렇게 떠난 후 한참 동안 나영이에겐 연락이 없었다.

날씨는 하루가 다르게 쌀쌀해지더니 금새 겨울이 되었다. 조촐한 외로움이 하루 하루 흘러갔다.

나는 유미에게 전화를 해서 한번 만나자고 했다. 나영이가 자기 얘기를 하지 말라고 신신당부를 했기 때문에, 나는 나영이 얘기를 꺼내지 않았다. 그즈음 유미는 은비와 함께 식당 서빙 아르바이트를 시작했다고 했다. 일이 끝나는 저녁 무렵에 만나기로 하고, 나는 두툼한 겨울 코트를 꺼내 입었다.

몇 달 만에 만나는 유미와 은비였다. 멀리서 걸어오는 모습을 보니 기억보단 키가 작은 게 새삼스러웠다. 유미는 조금 살이 쪘고, 은비는 머리를 잘랐다. 그러나 무엇보다 눈에 들어온 건 허름한 차림새였다. 둘 다 크고 헐렁한 겨울 점퍼를 입었지만, 안에는 여름 옷가지 그대로였다. 그래도 표정은 밝았다. 아마도 아르바이트를 하고 있어서 그럴지 모른다. 적은 돈이라도 경제력이 생기면 사람은 활기를 띠지 않던가.

유미가 삼겹살을 먹고 싶다고 해서, 근처의 식당으로 향했다. 손님이 아주 많았다.

"인제는 삼촌이라고 부를게요. 가게 사장님한테도 삼촌 만난다고 그랬어요."

유미가 말했다. 나로서도 사람 많은 데서 아이들과 있는 게 처음이라, 주위 시선에 신경이 쓰였다. 안 그래도 흘깃 보는 사람들이 있다. 아이들의 차림새는 누가 봐도 어색했다.

"그래. 좋을 대로 해라."

"근데 좋은 일 있나 봐요? 전에 보다 많이 좋아 보여요."

"코트를 입어서 그렇겠지. 그때는 여름이었잖아. 티셔츠 입은 것보단 어른 티가 나는 거지 뭐."

"예에."

아이들은 별 말이 없었다. 은비는 특히나 말을 아꼈다. 예전에는 가장 많이 대화를 했던 아이가 은비였는데. 몇 달 사이에 상황은 변했고 어색해졌다. 그래도 앞에 놓인 고기는 잘 먹었다.

"나영이 혹시 연락 되세요?"

유미가 물었다. 나는 나영이의 부탁을 상기했다. 아이들과 어떤 일이 있었는지 정황을 모르니 일단 약속을 지켜줘야 했다.

"아니, 몰라. 어쩌면 집에 들어가지 않았을까."

"집에는 아니에요. 지방에 있다던데."

"응? 그건 어떻게 알아?"

“딴 애가 메신저 들어온 거 봤대요. 그때 물어보니까 지방
에 있다고 그러더래요.”

“집에 있는데 그러는 거 아닐까?”

의뭉스럽게 물어봤지만 유미는 절대 그럴 리 없다고 부정
했다.

“걔는 집에 못 가요. 집에서 절대 안 받아줘요. 지방에 있
는 게 맞아요.”

“그래요. 우리 중에서 걔가 젤 상황이 안 좋아요.”

은비도 입을 열어 유미를 거들었다. 근데 집에 돌려보냈
어, 나는 그렇게 말하고 싶었다. 그러니 너희들도 집에 돌아
가는 게 낫겠다고 훈계도 하고 싶었다. 다만 나영이가 집에
못 간다고 그토록 철석같이 말하는 게 찜찜했다. 그렇게 상
황이 안 좋은 걸까.

“근데, 나영이는 왜 너희한테서 나온 거니?”

“걔 원래 그래요.”

유미는 말을 툭 던지곤 삼겹살 쌈을 입에 꽉 차도록 집어
넣었다. 은비가 말을 이었다.

“전에도 그랬어요. 우리랑 있다가 갑자기 혼자 있고 싶다

고, 그냥 나가서 돌아다녔어요. 그렇게 몇 달을 있다가 본 적
도 있어요. 말해도 소용 없어요. 이번에도 그런 거에요. 우리
가 전화 해도 안 받거든요. 혹시 나영이 전화 온 적 있어요?"
　"응… 전화는 온 적 있어."

　아예 못 봤다고 하기가 좀 꺼림칙했다. 사실 거짓말은 하
고 싶지 않았는데.
　"그래요? 뭐라고 해요?"
　"그냥 잘 지내시냐고. 하루 재워줄 수 있냐고 해서 안된다
고 했지."

　은비는 내 말을 듣고 유미를 돌아봤다.
　"거봐, 그럴 거라고 했잖아. 왜 내 말을 안 믿어?"

　유미는 입안에 가득 고기를 씹고 있어서 아무 말도 할 수
가 없었다. 은비가 다시 말했다.
　"나중에 전화 오면요, 우리한테 연락하라고 해주세요. 어
디서 뭐하고 있나 걱정돼요."

　나는 알았다고 말했다. 나중에 기회가 되면 오늘 만난 이
야기를 해줘야겠다고 생각했다. 식당을 나와 용돈 몇 만 원

을 주고 나는 아이들과 헤어졌다. 어쩌면 앞으로 다시 못 만날지도 모른다. 아마 유미와 은비도 그런 느낌은 받았을 거다. 나영이의 부재 이외에, 아이들과 나는 얘기를 나눌만한 어떤 공통의 주제도 없었으니까.

　그 주에, 나는 나영이에게 전화를 했다. 마침 그 동네에서 사람을 만날 약속이 있었기 때문에, 시간이 되면 잠시 얼굴이라도 보자고 했다. 나영이는 괜찮다고 했다.

　겨울 해는 짧다. 오후인가 싶으면 곧 해가 지기 시작한다. 퇴근 시간도 되지 않았는데 어둑어둑해졌다. 그래도 나영이의 실루엣은 멀리서도 알아볼 수 있었다. 눈이 나쁜 나영이는 근처까지 와서야 나를 알아보고 밝게 웃었다.

　"잘 지내셨어영?"

　"어, 나야 잘 지내지."

　그때서야 알아차렸다. 아이들은 인사할 때 고개를 꾸벅 숙이지 않는다. 생각해보니 고맙다고 할 때도 그랬다. 인사하는 법은 가정교육의 소산이 맞구나, 새삼 깨달았다.

　길거리에 서 있기 애매했지만 커피숍 같은 곳을 가기도 어

206

색했다. 그런 데서 맞담배 피우고 있을 순 없다. 하는 수 없이 근처에 있는 분식집에 들어갔다. 나영이는 라면을 시켜달라고 했다.

"안 그래도 라면 자주 먹을 텐데, 딴 거 먹지 그러니?"

"라면은 절대 안 질려요. 오빠도 뭐 좀 드세요."

"난 저녁 약속 있어. 너 먹고 싶은 거 시켜라."

"그럼 떡볶이 시켜서 같이 먹어요."

음식은 곧 나왔다. 나영이는 라면과 떡볶이를 앞에 놓고 행복한 표정을 지었다. 먹성이 좋으니까 그럴 수 있다. 어쩌면 집에서 이 정도 음식도 못 먹고 있는 건가.

"집에서 밥은 잘 먹니?"

나영이는 라면을 먹으면서 고개를 끄덕였다.

"밥은 있어요. 어떤 날엔 고기도 있고."

"니가 혼자 챙겨 먹는 날도 있고?"

"그렇죠 뭐. 그냥 있는 대로 먹어요."

"새엄마는 밥 안 해줘?"

"새엄마는 원래 밥 안 해요."

나영이는 퉁명스럽게 말했다.

"아빠는?"

"아빠도 뭐 똑같아요."

"무슨 일은 안 하시고?"

"몰라요. 예전에도 무슨 일 한다고 말해준 적 없어요. 가끔 지방 간다고 며칠 걸리긴 했는데."

"공사일 같은 거 하시나?"

"요새는 지방에도 안 가요. 아 떡볶이 괜히 시켰어. 배불러."

나영이는 얼굴을 찡그리며 코트의 벨트를 풀었다.

"너는 뭐해? 맨날 집에 있어?"

"집에 할 거 아무것도 없어요. 주로 경희랑 게임하구 놀아요."

"PC방 가서?"

"컴퓨터 없으니까… 아 근데 PC방비가 없어요. 새엄마는 용돈도 안 주고. 아빠는 개털이고."

"그럼 돈이 어디서 나냐?"

"이 동네 아빠 친구들 많아요. 저기 좀 가다 보면 부동산도 있고. 그럼 용돈 주기도 하는데, 인젠 안돼요. 아빠가 다시 한번 그러면 혼낸다고 그랬어요. 아 그럼 용돈이라도 좀 주든지."

　나영이와 마주하다 보면 이런 상황을 자주 겪는다. 잘못했다고 따끔하게 지적해야 하는데, 꼭 그러지도 못하는 경우. 나영이가 야단 맞을 짓을 했지만, 그렇다고 아빠나 새엄마가 나영이에게 잘하고 있다곤 보기 어려웠다.

　"용돈은 그래도 좀 주는 게 맞는데."

　"그쵸? 아빠가 너무한 거죠? 저 오빠한테는 용돈 달라고 안했잖아요? 컴퓨터만 있으면 되는데."

　자기 편을 들어주니 나영이가 반색하며 말이 길어진다. 나는 무시하고 하던 말을 이었다.

　"그래도 아빠 친구한테 그러고 다니면 안돼. 나 같아도 미워서 용돈 안 주겠다."

　"아 근데 진짜 답답해서 죽을 거 같아요. 하루종일 뭐하라고. 경희 만나면 맨날 나 거지라서 빈대 붙는단 말에요. 저번엔 담배 살 돈 없어서 앵벌이도 했어요. 요샌 담배 무지하게 아껴서 피워요."

　"야, 이 동네에서 너 얼굴 알잖아? 앵벌이하면 안 쪽팔려?"

　"무지 쪽팔려요. 그래서 좀 걸어가서 딴 데서 한다구요. 컴퓨터만 있으면 저도 앵벌이 안 해요. 진짜 너무한 거 같애. 며칠 전에 친엄마한테서 3천 원 받구선 한푼도 없어요. 진짜

요새는 새엄마 지갑이라도 털고 싶어요. 너무 약올라요.”

“무슨 말을 그렇게 하냐. 지갑에 왜 손을 대. 그딴 소리는 하지도 마.”

“아 근데 진짜 골탕 좀 먹었으면 좋겠어요.”

쌓였던 게 터져나온 듯 나영이는 불평을 그칠 줄 몰랐다. 나는 나영이를 한적한 공터로 데리고 나왔다. 그리고 미리 사놓았던 담배 한 갑을 주었다. 나영이가 늘 피우던 팔리아멘트 라이트였다.

“미리 사났어요? 오빠는 그래도 내 생각 해주는 거죠? 고마워요~”

쓸쓸했다. 옳지 않은 일인데, 마치 잘한 일 같게 느껴지는 기분이 싫었다. 담배를 받고 신이 난 나영이는 시키지도 않은 얘기를 시작했다.

“여기 있잖아요, 저기 저 집. 전에 돈 없어 가지구, 한번 털었던 적 있어요.”

“털다니?”

“그때 철없을 땐데, 남자애들이 저기 저 집 털었다구요. 그때 쫓아오구 난리도 아니었어요.”

“너는? 너도 거기 있었어?”

"애들이 망 보라고 해서 여기 서있었어요."

"세상에. 그거 절도야 절도. 잡히면 감방 가는 짓이라구. 그래서 어떻게 됐어?"

"… 전 그냥 도망쳤어요."

그 얘기를 듣곤 흥분 안할 수가 없었다. 내 반응이 예상 밖이었는지 나영이는 조금 멈칫하며 말꼬리를 흐렸다.

"철없을 때 그랬다구요. 인제는 안 그래요."

"그래, 그러지 말아야지. 그건 철이 있고 없고의 문제가 아니야. 앵벌이나 원조교제랑은 차원이 달라. 그것도 잘하는 짓은 아니다만 경우에 따라선 이해해줄 수도 있겠지. 남의 물건 훔치는 짓은 아무도 이해 안 해줘. 감방 가는 범죄라고. 절대로 그러지 마라. 그놈들이랑은 친구해서도 안 돼. 알았니?"

"알았어요. 인제는 안 그런다니까요."

나영이는 화살이 자기에게 날아들자 조심스럽게 대꾸했다. 나도 더 이상 그 얘기를 꺼내긴 싫었다. 기가 막히기도 했고, 슬프기도 했다. 나영이는 그때 일이 욕먹을 짓인지도 몰랐으니까 그 얘기를 꺼낸 거겠지. 나 같으면 그런 과거는 아예 입밖에 내지 않았을 거다. 자신의 행동, 다른 사람의 반응, 그 모두가 나영이에겐 무지의 영역이다. 그 무지를 벗어날 출구가 전혀 보이지 않는 나영이의 현실이 슬프다. 세상의 냉정함과 야비함에 얼마나 짓밟히고 이용 당해야 자신의 무지를 깨닫게 될까. 나로선 그 고통을 상상하기도 싫다.

나영이는 웃는 얼굴로 나와 작별했다. 자기 얘기가 얼마나 큰 충격을 내게 주었는지도 모르는 채. 좀전의 멈칫거림은 금방 잊어버린 모양이었다.

그래도 여기서 이렇게 끝났다면, 그 얘기는 나영이의 과거를 상상하는 정도로 그치든지, 아니면 나 자신도 서서히 잊어버렸을지 모른다. 아마 그게 훨씬 나았을 것이다.

12월이 되어, 나영이가 집으로 돌아간 지도 한 달이 넘은 어느 날 오후였다.

전화가 왔다. 모르는 번호였다.

"오빠, 저예요. 나영이요."

"어 그래. 오랜만이다. 어디서 전화 거는 거니?"

"오빠 집 앞 공중전화예요. 지금 집에 계시죠?"

"응? 지금 집이야. 뭐하다 여기까지 왔니?"

"아 그럼 저 집에 가도 돼요? 가서 말씀 드릴게요."

“그래, 와도 돼.”

한동안 연락이 없었던 참이었다. 갑자기 급하게 무슨 일일까. 나영이는 곧 나타났다.
“헥헥, 아이구 숨차.”
“얼른 들어와. 무슨 일 있어?”

나영이는 바닥에 철퍼덕 주저 앉았다. 손에 가방이 들려 있다. 처음 만났을 때 가지고 있던 그 가방. 부피로 보아 안에 든 것이 많지는 않았지만, 눈가의 아이라인이 번져 있다. 예전에는 몰랐지만 지금은 안다. 아이라인을 새로 다듬지 못했다는 건 나영이가 집에서 출발한 게 아니란 뜻이다.
“저기 있잖아요, 전에 제가 말한 적 있잖아요.”

나영이는 약간 상기된 말투였다. 가빴던 숨이 진정되자 나영이는 담뱃불을 붙였다.
“새엄마 한번 골탕 먹이고 싶다고 그런 적 있잖아요.”
“어, 그래서?”
“근데 제가 새엄마 지갑을 훔쳤거든요.”

말문이 막혔다.

“일단 들고 나왔는데요, 근데 생각보다 돈이 많은 거에요.
저는 한 십만 원 있을 줄 알았는데.”
“얼마나?”
“한 백만 원 됐어요.”

아아, 이걸 어쩌면 좋냐.
“지금 그런 거야?”
“아뇨, 이틀 전에. 아니 사흘인가.”
“그럼 그동안 뭐했어?”
“경희 나오라 그래서 놀이공원도 가고… 제가 썼어요. 돈
도 좀 갚고.”
“무슨 돈을 갚어?”
“경희한테 예전에 빌려간 돈이 있어서요. 안 받겠다고 했
는데 제가 줬어요.”
“그래서? 돈을 다 써버렸니?”
“아뇨, 돈은 아직 몇 십만 원 남아 있어요. 근데 오늘 지갑
을 보니까, 돈만 있는 게 아닌 거에요.”
“또 뭐가 있어?”
“카드가 있구요, 또 금붙이가 하나 있어요.”

나영이는 가방에서 지갑을 꺼내 금붙이를 보여주었다. 네

모난 모양에 거북이 문양이 있다. 볼 줄은 모르지만, 몇 돈은
돼 보이는 금덩이다.

"저는 그냥, 새엄마가 용돈도 안 줬잖아요, 그래서 골려주
고 싶고 용돈도 쓰고 싶어서 그런 건데, 이거 보니까 좀 큰일
인 거 같기도 하고, 생각보다 돈도 많았고… 그래서 무서워
서 찾아 왔어요."

일을 내버렸다. 그것도 대형 사고를. 잠시 어안이 벙벙했
다. 뭐라 대꾸할 말이 떠오르질 않았다.

"뭐하세요?"

내가 아무 말 않자 나영이가 궁금한 듯 물었다.

"잠깐만 있어봐. 생각 좀 하자."

내 말에 나영이는 가만히 기다렸다. 나는 담배를 찾았다.
손가락이 약간 떨렸다. 나영이가 불을 붙여 주었다.

"일단, 날 찾아온 건 잘한 짓이야. 아주 다행이야. 더 늦었
으면 큰일 났을 거야."

"어떻게요?"

"니가 한 일은 절도야. 5만 원을 훔쳤으면 새엄마도 속상
해하고 말았겠지만, 너는 백만 원을 훔쳤어. 그리고 거기에

카드랑 금붙이가 있어. 그러면 경찰에 신고했을 거라고. 니가 한 줄 알고 있겠지만 혹시 또 모르니까 신고 안 할 수가 없어.”

“경찰이 저 잡으러 와요?”

“그렇겠지. 친엄마라면 또 모르겠는데, 너랑 새엄마는 남남이라구. 게다가 넌 계속 가출해 있다가 들어왔어. 친하지도 않잖아. 당연히 신고했을 거고, 그러면 경찰이 널 잡겠지.”

“그러면 감방 가는 거에요?”

“그러니까 지금 얘기 하잖니. 우선 카드는 문제가 없어. 분실신고 했을테고… 너 혹시 카드 썼니?”

“아뇨, 저 카드 써본 적 없어요. 비번도 모르고.”

비밀번호를 몰라도 카드를 쓸 수 있다는 얘기는 이 상황에서 할 필요가 없었다. 그런 엉뚱한 얘기를 하는 걸 보니 정말로 카드 쓸 줄을 모르는 게다.

“금붙이는 여기 있으니까 됐어. 문제는 돈이야. 처음 있는 거에서 얼마나 썼니?”

“정확히 몰라요. 한 80?”

사흘 동안 어디서 그 많은 돈을 썼는지 의문이지만 지금은 그게 중요하지 않았다.

"어쨌든 돈이 남았구나. 그렇지?"

"예. 돈 남아 있어요."

"그래. 그럼 됐다. 지금 빨리 아빠한테 전화해서 집에 들어가."

"그럼 새엄마한테 데려갈 거잖아요?"

"이 바보야, 당연하지. 그래도 돈이 남아 있고, 니 발로 돌아간 거면 봐줄 여지가 있단 말야. 그걸 정상참작이라고 그래. 가서 아빠한테 잘못했다고 매달려. 새엄마한테 가서 싹싹 빌어. 한순간 욱해서 그랬다고 말이야. 용돈 좀 쓸라고 그랬는데 돈이 그렇게 많은 줄 몰랐다고 말이야. 지금 이게 거짓말이야?"

"아뇨. 진짜 그 정도로 있는 줄 몰랐어요."

"널 위해서 제일 좋은 방법은 이것뿐이야. 거짓말 하지 말고, 어디서 어떻게 썼는지도 다 얘기하라고. 중요한 건 니가 돈을 다 안 쓰고 제발로 돌아갔다는 거야. 만약에 안 그러면 넌 무조건 구치소로 갈 거고 재판 받아야 돼. 지금 돌아가도 그렇게 될지도 몰라. 마음 단단히 먹으라고. 그나마 이렇게 해야 봐줄 여지가 있는 거니까 지금 빨리 돌아가."

"진짜로 저 감방 가요? 가면 얼마나 있어요?"

"야 이 멍충아. 지금 그게 중요하니? 어떻게든 안 가게 해달라고 빌어. 새엄마가 싸대기를 날려도 참아. 솔직히 니가 잘못한 거잖아. 너 같으면 누가 돈 훔쳐가면 가만히 있겠어? 새엄마가 널 쥐어 패도 당연한 거 아냐? 그래도 거기서 끝난다면 감방 가는 것보단 백배 나은 거야. 그러니까 무슨 짓을 당해도 싹싹 빌란 말이야. 제발 감방 안 가게 해달라고. 넌 돈도 없고 집도 없고 학교도 못 나왔으면서 빨간 줄까지 긋고 싶니? 소년원이든 구치소든 그런 기록이 있으면 어떻게 되는 줄 알아?”

“빨간 줄이 뭔데요?”

나영이가 무심하게 물었다. 답답함이 목에 콱 걸리는 느낌이다. 그러면서도 기계적으로 더 쉬운 표현을 생각하고 있었다.

“… 전과라고, 전과. 이게 거기까지 갈 사건인지는 모르겠다만. 아무튼 경찰에 잡히면 적어도 구치소는 가겠지. 구치소는 감방하곤 다르지만, 거기도 한번 가보면 다시는 생각하기도 싫은 데야.”

예비군 훈련을 계속 무시하다가 결국은 형사가 찾아온 적이 있었다. 그때 약식재판이란 걸 받아봤다. 벌금 판결 자체는 5분도 걸리지 않았지만 제법 기다려야 했는데, 그때 대기

실에는 철창이 있었고 다른 몇 명의 사람이 있었다. 서로 눈을 마주치지 않았다. 그런 곳에 남을 존중하는 마음 따위는 존재하지 않는다. 대신 두려움과 멸시, 자기 비하와 증오가 소리 없이 끓고 있다. 그 경험 이후로 나는 예비군 훈련을 다시는 연기하지 않았다.

"그러니까 얼른 가. 아빠한테 전화해. 지금 가겠다고. 아빠는 니 편이 돼줄 유일한 사람이야. 잘못했다고 빌어."

"지금 가요? 온지 얼마 안 됐는데… 저녁 때 가면 안 돼요?"

"아니야. 지금 당장. 빠를수록 좋아. 내가 택시 태워줄게."

"근데 휴대폰 켜면 위치추적으로 걸리는 거 아니에요? 그래서 꺼놨는데."

"무슨 위치추적이야. TV를 너무 많이 봤구나."

"그래도 좀 그러니까, 나가서 공중전화로 걸게요."

"맘대로 해."

나는 단호하게 말하곤 나영이와 밖으로 나갔다. 계속 가슴이 쿵쾅거리며 뛰었다. 어쩌면 새엄마는 공식 혼인 관계가 아닐 수도 있다. 아빠는 여러 번이나 여자친구가 바뀌었다고 했으니까. 그러면 나영이와 새엄마는 완전 남남이고, 최악의 경우 합의를 안 해줄 수도 있다. 그러면 나영이는 어떻게 될까. 사회봉사? 집행유예? 뭐든 간에 나영이에게 한오라기의 도움도 안 될 결과다. 잘못의 책임은 져야 하는 게 맞다. 하지만 난 나영이를 안다. 자기의 행동이 무슨 의미인지, 어떤 파장을 불러올지 전혀 모르는 나영이. 그러니 될 수 있으면 가정의 범위 내에서 처벌받았으면 하는 바람이었다.

"아빠가 빨리 오래요. 저 전화 기다렸대요."

공중전화 부스에서 나오며 나영이가 말했다. 우울한 목소리였다.

"아빠 목소리 같지가 않아요. 되게 안타깝게 말했어요. 어디 있냐고."

"니가 걱정돼서 그러는 거야. 이렇게 일을 벌여 놨으니."

"어떡해. 괜히 그랬어. 그냥 참을 걸. 아빠가 그러니까 괜히 눈물 나려고 그래요."

나영이의 눈이 빨개졌다. 나는 나영이가 우는 모습을 한번도 본 적이 없다. 여자애들이 질질 짜는 꼴은 못 봐주겠다고 나영이는 종종 얘기했었다. 살가운 애교도 징그러워 한다. 그런데 아빠가 평소와 달리 조금 걱정해주는 것만으로도 나영이는 감동해버렸다. 제아무리 관심을 기울여주지 않아도 아빠는 아빠다. 무엇도 이런 관계를 대체할 수 없겠지.

"오빠, 이번에 가서 만약에 감방 가면 한동안 못 보겠네요."

택시를 잡으려고 차도 쪽으로 나서자 나영이가 말했다. 마음 약한 소리를 들으니 나도 다그칠 수만은 없었다.

"그런 생각 하지마. 가서 잘못했다고 그러면 잘 될 거야."

"그래두요. 만약에."

"그래, 감방에 안 가더라도 한동안 못 보겠지."

"나중에 전화할게요. 전화번호 바꾸지 마요."

"알았어. 전화번호 바꿀 일 없으니까 안심해."

"이제 이러니까 진짜 무슨 이별하는 기분이 들어요."

나영이는 나에게 와락 안겼다. 난 등을 두드리면서 볼에다 살짝 뽀뽀를 해주었다.

"이제 얼른 들어가."

"네. 꼭 연락할게요."

나는 나영이에게 차비를 주고, 택시를 잡아 태웠다. 나영이를 태운 차는 곧 자동차 행렬에 섞여 보이지 않았다. 그걸 보며 나는 설거지를 하던 나영이의 뒷모습을 떠올렸다. 트레이닝복 차림으로 온몸에 물이 튄 채로 수세미질을 하던 나영이.

"이제는 제법 잘하는 것 같지 않아요?"

그때의 나영이와 절도죄를 범한 나영이 사이엔 머나먼 간극이 있다. 그걸 어떻게 메워야 하는지 나는 도저히 알 수가 없었다. 허탈한 기분, 이제 될 대로 되라는 식의 자포자기가 그때 내 마음을 지배하고 있었다.

원점

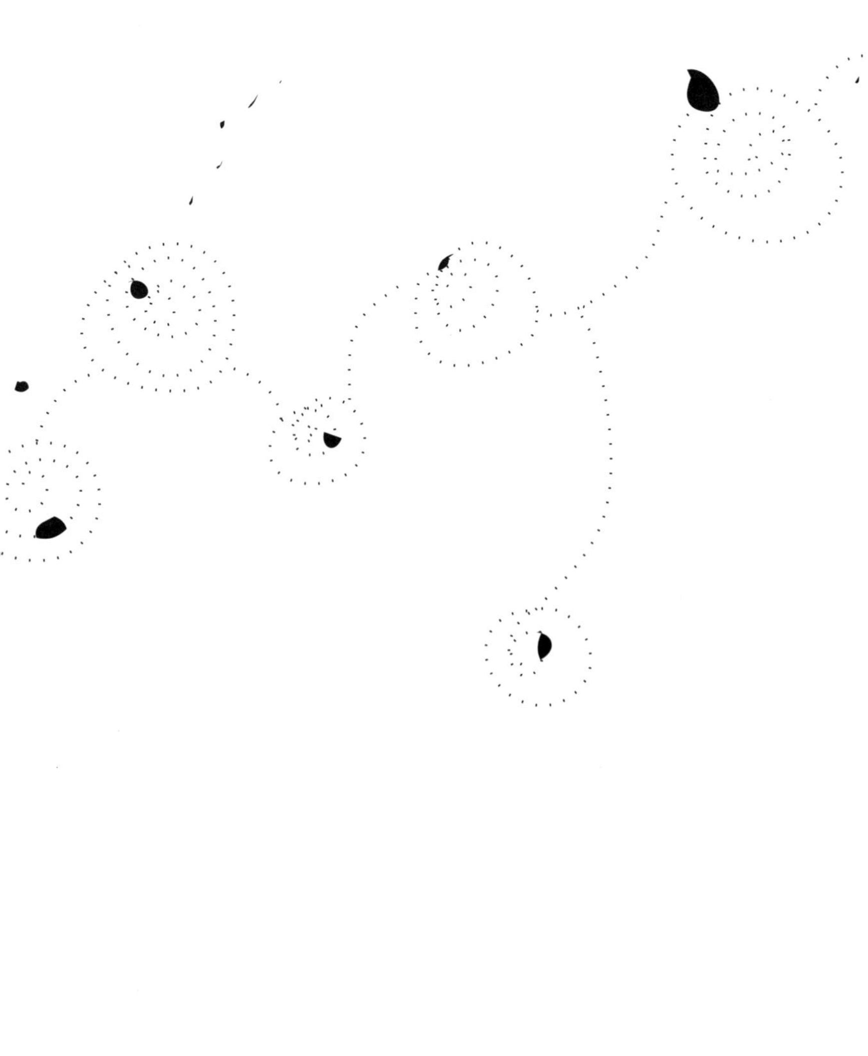

나영이를 아빠에게 돌려보내고 나서 나는 한동안 잠을 이루지 못했다. 가족이 관계된 일이니까 어쩌면 훈계 방면 정도로 끝날 일이다. 최악의 경우라도 구속될 사안까지는 아니라고 짐작했다. 나에게 화살이 돌아와봤자 거리낄 일은 없었다. 나는 양심에 어긋난 짓을 한 적이 없고, 통장 뒤져봤자 나올 것도 없다. 사람들이 얽히면 아주 피곤해지긴 하겠다. 예전 청소년 상담사가 내게 경고했던 대로.

그러나 무엇보다 나를 맥빠지게 했던 건, 이번 일이 좋게 정리된다고 해도, 나영이는 이제 집에 돌아갈 수 없을 거란 사실이었다. 나영이 아버지를 만나본 적은 없지만, 짐작컨대 여태까지 나몰라라 했던 나영이인데, 이런 일이 벌어진 후라면 더욱이나 데리고 살지 않을 것이다. 가출청소년들에게 궁극의 해답처럼 여겼던 귀가, 컴백홈은 나영이에게는 오히려 독이 되는 결과를 낳았다. 집 같지 않은 집이라도 어쨌든 밀어 넣을 수밖에 없는 게 나 같은 외부인의 처지다. 하지만 그 결과를 유미나 은비는 이미 알고 있었다. 그 집에 나영이가 있을 수 없다는 걸. 나영이 본인은 더욱 잘 알고 있었을 거다. 그럼에도 내 말에 따른 건, 귀가가 진정한 해결책임을 동의해서가 아니라, 내 말을 순순히 따르고 싶다는 그 자체 때문이리라. 자기에게 관심을 가져준 어른의 말을 나영이는 어기고 싶지 않았던 거다.

가슴이 아프다. 그러나 이 모든 사실을 미리 알았다 해도 나는 나영이를 집에 돌려보내지 않을 순 없었을 게다. 귀가의 가능성이 조금이라도 있다면 그렇게 해주는 게 도리니까.

잘못은 나영이가 저질렀지만, 나는 그게 온전히 나영이의 책임이라고 판단하지 않았다. 이곳에서는 만 원 한 장에도 고마워했고, 자장면 한 그릇에 기뻐했던 나영이다. 내 지갑은 언제나 바지 뒷주머니에 꽂혀 있다. 도둑질이 본성이라면 내 MP3와 디지털카메라와 지갑이 어떻게 온전할 수 있겠는가. 그런데 왜 집에 돌아가서야 도둑질을 한단 말인가?

…… 그렇지만 결국 일을 저지른 사람은 나영이다. 용돈하라고 준 돈을 문화상품권에 써버렸듯, 눈앞의 충동을 나영이는 이기지 못한다. 유흥업소에서 카드를 긁어대고 후회하는 사람들과 본질적으로 다르지 않겠지만, 사회에서 어디까지 허용해주는지 그 한계를 나영이는 모른다. 그러니 충동과 무지의 책임을 나영이는 져야 한다. 사회의 룰을 따르지 않고

직접 경험하겠다면 그렇게 배워야 한다. 고통스럽게.

이틀이 지난 오후, 나영이에게서 전화가 왔다. 역시나 집 앞의 공중전화였다.

"어떻게? 일이 벌써 끝난 거니?"

나는 나영이의 출현이 황당했다. 계단을 올라와 현관에 다다른 나영이는 헥헥거리면서 고개를 저었다. 이전에 보지 못하던 하얀 털모자를 썼다.

"그게 아니라요. 새엄마가 저 돈 어디다 썼냐고 그래서. 경희네 집에 갔었어요. 경희랑 놀았다고 그러니까 같이 가보재요. 새엄마 친척들이. 그래서 거기 갔다가요, 가방 찾으러 갔다가 못 찾구, 집에 바로 들어가기 싫어서 그냥 여기 왔어요."

"경희네? 거기에 새엄마 친척들이 갔다고? 가방은 또 뭐야?"

나영이의 이야기는 이랬다. 나영이는 새엄마 지갑을 들고 나왔다고 내게 말했지만, 원래는 새엄마의 핸드백이었던 모

양이다. 나영이는 그걸 도중에 버리고 지갑만 가지고 있었다
고 했다. 그런데 돌아가보니, 현금은 둘째치고 그 핸드백에
훨씬 비싼 다른 귀금속이 있었다는 것이다. 지갑에 있던 금
덩이는 빼고 말이다. 새엄마는 그렇게 주장하고, 나영이는
그 귀금속을 본 적도 없다고 내게 말했다. 그래서 가방 버린
곳을 뒤지는 한편, 나영이가 경희랑 놀면서 돈을 썼다고 했
으니, 경희네 집에 숨겨놓지 않았는지 친척들이 동원돼 집을
뒤졌던 것이다.

　새로운 상황에 비추어보니, 나영이가 돈을 다 쓰지 않고
돌아간 건 천만다행인 일이었다. 돈이 남았고 금덩이도 있었
기 때문에, 나영이가 귀금속의 존재를 몰랐고 그저 충동적으
로 손댔다는 말이 그나마 설득력을 얻을 수 있었을 것이다.
귀금속을 처분하려면 신분증이 있어야 하니 미성년자인 나
영이는 직접 처분할 수가 없다. 어른이 개입하면 얘기가 달
라지지만, 나영이가 누구에게 맡긴다거나 하는 일은 생각하
기 어려웠다. 그 정도로 잔머리가 좋지도 않고, 그럴 의도였
다면 금덩이를 남길 필요도 없을뿐더러 내게 나타나지도 않
았을 것이다. 현실적으로 가능한 상황은 나영이가 어른에게
맡겼다가 사기로 떼인 경우겠지만, 차라리 뭣도 모르고 직접
금은방 갔다가 팔지 못하고 홧김에 버렸다는 편이 나영이에
겐 어울린다.

　상상을 하려면 물론 별의별 가능성이 다 있다. 일단은 나영이 말이 사실이라고 생각하기로 했다. 다른 정보도 없으니까.

　"새엄마가 너 어떻게 한대?"

　"첫날은 나 감방 집어넣는다고 막 그랬어요. 벌써 경찰에 신고했대요. 저 여기 머리카락 잘렸어요. 보여요? 새엄마가 가위 들고 와서 머리 다 잘라버린다고 그랬어요. 난 무서워서 가만 있었는데 아빠가 말렸어요."

　나영이의 왼쪽 귀 위로 머리카락이 싹둑 잘려 있었다. 그래서 털모자를 쓴 게다.

　"아빠는 니 말을 믿어주니?"

　"모르겠어요. 새엄마가 몇 백만 원 짜리라고 하니까… 지금 그것만 돌려주면 없던 일로 하겠다고 그러는데… 근데 전 진짜 몰라요. 전 본 적도 없단 말에요. 제 말 믿어요?"

　"믿어."

　"진짜 믿죠? 저 그 정도로 나쁜 애는 아니란 말에요."

　"너 그거 있으면 어떻게 돈으로 바꾸는 지 아니?"

　"아뇨. 어떻게 해요?"

　"됐다. 그리고 니가 그 돈이 있었으면 아마 더 놀았겠지. 나한테 오기 전에."

　"아뇨. 전 돈이 있었으면 안 놀구요, 돈 갚았을 거에요. 오빠한테도. 저 땜에 돈 쓴 거 있잖아요, 다 갚아줄 거에요."

"미쳤구나. 그런 돈 갖다 주면 내가 너보고 잘했다고 하겠니? 니가 번 돈 아니면 그딴 생각 하지도 마. 내가 언제 너보고 빨리 돈 갖고 오라든?"

담배를 한 대 피운 뒤에, 나는 나영이에게 딱딱하게 말했다.

"됐어. 인제 돌아가."

"왜요? 뭔 일 있어요?"

"이 일 다 끝나기 전까지는, 딴 데서 외박하면 안돼."

"오빠한테 찾아올까봐 그러는 거에요? 저 오빠 얘기는 하나도 안 했어요."

솔직히 그게 걱정되는 건 사실이었다. 그래서 아예 설명해 주기로 했다.

"니가 귀금속 얘기는 전혀 모른다는 거, 지금 그게 중요한 일이거든. 그러니까 니가 어른들을 만나고 다니면 안돼. 너 혼자서 돈으로 못 바꾼다는 정도는 새엄마도 알아. 그런데 어른들이 있으면 얘기가 달라져. 경희네도 그래서 간 거야. 경희 엄마가 있으니까."

"대신 팔아줬다고요?"

"그래."

"근데 저 진짜 저번에 만났을 때 그 얘기 하지도 않았잖아
요?"

"나는 알지만 새엄마가 믿어주겠니? 그리고 넌 그거 아니
더라도 잘못했다고 빌어야 되는 상황이야. 어떻게든 용서해
달라고 비는 애가, 막 지 맘대로 돌아다니고 있으면 너는 믿
겠니?"

"안 믿기겠죠."

나영이는 풀이 죽었다. 얼굴이 굳었다.

"그러니까, 아까 가방 찾으러 나온 다음에 바로 집에 들어
갔어야 돼. 일단 온 거니까 얘기하는 거야. 절대로 딴 데 가
지 말고 집으로 들어가 있어. 새엄마가 싫어도 무조건 그래
야 돼."

"친엄마한테두요?"

"어. 지금은 친엄마한테도 가면 안돼. 만약 가려면 아빠한
테 말해."

"아빠는 친엄마한테서 연락 오는 거 모르는데."

"그게 중요한 게 아니야. 니가 어디 있는지를 아는 게 중요
하단 거지. 가지 말라고 하면 일단 얘기 들어. 복잡하게 생각
하기 싫으면, 지금은 너 무조건 빌어야 된다, 그것만 생각해.
알았지?"

"알았어요. 근데."

나영이가 굳은 얼굴로 말을 이었다.

"오늘은 진짜 들어가기 싫어요. 새엄마 얼굴 쳐다보기도 싫어요."

"그러면 안 된다니까. 지금까지 얘기 했잖아."

"알아요. 근데 오늘은 진짜 못 참겠어요. 그래서 온 거란 말이에요. 집에 가면 밥 주는 것도 아니고. 오빠가 여기 안 된다고 하면 그냥 길거리에서 뻥이 깔래요."

나영이는 그러고 한동안 말이 없었다. 내가 싫어하는 걸 아니까 더 말은 하지 않는다. 집에 돌아가기 싫다는 마음은 나도 이해가 간다. 갈등이 된다. 지금 이럴 상황이 아닌 거 알지만, 내보내면 나영이는 진짜로 길거리에서 밤을 보내고 말 작정이다. 내 마음이 약해지는 걸 이용하는 건 아니다. 나영이는 그렇게 교활하지 않다. 잔머리가 조금이라도 있다면, 어떻게든 새엄마의 용서를 구하는 게 자신에게 가장 유리하다는 걸 모를 수가 없다. 진짜로 가기 싫어서, 지금 의지할 데가 나밖에 없어서 그러는 것뿐이다.

"아빠한테 전화해."

생각 끝에 나는 말했다.

"PC방에 있다고 그래. 대신에 당장 들어오라고 하면 그렇게 하는 거다. 알았지? 이것도 싫다 그러면 내가 너 데리고 지하철역까지 갈 거야."

"알았어요. 전화 하면 되는 거죠?"

나영이는 조금 기쁜 기색이 되었다. 그리고 전화를 걸었다.

"아빠 나 여기 PC방인데…"

그 얘기를 끝으로 나영이는 한참 듣기만 했다. 그리고 휴대폰을 닫았다.

"뭐라서?"

"술 먹고 욕해요. 제가 끊은 거 아니에요. 아빠가 끊었어요."

나영이는 그럴 줄 알았다는 듯이 담담하게 말했다.

"제가 그랬잖아요. 아빠는 나한테 관심 없다구요. 들어오든 말든 신경 안 써요. 어쨌든 오빠 말대로 했으니까 괜찮은 거죠? 배고픈데 밥 좀 먹어도 돼요?"

나는 고개를 끄덕였다. 설마 이 상황에서도 이럴 줄은 몰랐다. 어쨌든 나영이의 발신번호가 아버지 휴대폰에 남았을 테니, 최소한의 핑계거리는 남겨둔 셈이다. 나영이는 밝게 웃으면서 라면을 끓이기 시작했다. TV를 보며 라면을 눈깜짝할 사이에 다 먹은 나영이는 이내 쓰러져 잤다. 어느덧 나영이가 가장 편하게 잠들 수 있는 곳이 여기가 되어 버렸다. 나는 그걸 부인하고 싶었지만, 이제는 인정할 수밖에 없었다.

그리고 또 하나 인정해야 할 사실은, 나영이가 잠든 사이 내가 지갑을 다른 곳에 숨겨놓았다는 점이다. 가장 믿을만한 사람인양 나를 포장해놓고, 뒤로는 이런 불신을 갖다니 너무나 모순된 짓이었다. 그러나 이젠 그런 모순이 그리 고민스럽지 않았다. 아이들, 그리고 나영이와 보냈던 시간 동안 내가 확실하게 깨달은 것은, 생각과 현실을 혼동하지 말라는 것이다. 현실은 관념적으로 보면 죄다 모순이다. 애초 내가 아이들을 집에 들였던 행동부터도 과연 명확한 설명이 가능할까. 그저 당시에 필요했던 행동을 했을 뿐이다. 이제 나는 나영이의 잘못된 충동이 언제든 나올 수 있음을 알았고, 거기에 대해선 경계를 해야 했다. 필요한 일을 하는 건 잘못이 아니다.

다만 이 경계심이 나영이 자체에 향하지는 말아야 한다고 나는 되뇌었다. 충동과 후회 사이에는 채 1초의 간극도 없다. 직전의 행동을 후회하는 일은 누구나 경험한다. 그러니 나영이의 못된 충동은 나영이 자체가 아니다. 어떤 조건에서 터져 나오는, 누구나 그렇지는 않지만 어떤 이는 결코 거부하지 못하는 업 같은 것이다. 깨닫기만 한다면 바꿀 수 있다. 난 나영이를 믿는다. 좋은 아이가 되고 싶어하는 마음을 이미 느꼈다. 그것만은 결코 불신해선 안 된다. 지금껏 누구도 믿어주지 않았을 테고 이제 사고까지 친 마당이므로 더더욱. 주위 사람 모두를 멀리하게 됐을 때 오는 외로움은, 마치 죽은 자의 암흑뿐인 마음과 같다. 나는 나영이가 온갖 괴로움 속에서 인생을 배워 나가더라도, 그것만은 절대 경험하게 하고 싶지 않았다.

다음날 나영이가 깨어난 후 나는 서둘러 밥을 먹이고 집으로 보냈다. 그리고 신신당부했다.

"당분간은, 누구도 만나지 마라. 딴 데서 자도 안 돼. 너한테 이로울 게 없어. 새엄마한테 어떻게든 용서를 받고, 이 일이 정리되면 연락해. 알았지?"

"알았어요. 저 근데 감방 갈지도 몰라요. 새엄마가 꼭 감방 보내고 말겠대요."

"… 그렇게 안 될 거야. 간단한 얘기는 아니다만. 하지만 너가 거기 싫다고 뛰쳐나오면, 정말 그렇게 될 수도 있어. 그러니까 약속해. 용서받을 때까지 꾹 눌러 있겠다고."

"알았어요. 저 꼭 다시 연락할게요."

그리고 나영이는 떠났다. 나는 약간의 불안함을 느꼈다. 청소년 상담사가 절대 집에 들이지 말라고 했던 말이 스파크가 튀듯 머리 속에서 번뜩였다. 하지만 이젠 내가 어찌 막을 도리가 없다. 그리고 누군가에게 구태여 숨겨야 할 일도 없다고 생각하자, 마음이 조금 편해졌다. 거리낄 일은 아무것도 없다. 단지 그런 경우 나영이가 어떻게 말을 할 지가 조금 걱정됐다. 어쩌면 없는 말도 갖다 붙이진 않을까.

생각이 여기에 미치자, 내가 나영이를 완전히 믿지 못한다는 사실을 새삼 깨달을 수 있었다. 나영이가 정말 크게 잘못한 점은, 돈을 들고 나왔다는 사실보다 주위 사람들의 불신을 자초했다는 것이다. 내가 만나본 적 없는 나영이의 아버지나 새엄마 역시 이런 과정을 겪었으리라. 집이 가난하다고, 못 배웠다고 하여 모두 죄를 짓지는 않으며 주위의 불신을 사는 것도 아니다. 나영이의 잘못에는 주위 환경과 무관한, 온전히 자기가 책임져야 할 부분이 있다. 과연 나영이는 그걸 깨달을 수 있을까.

일주일 정도 지났을 때, 나영이에게서 전화가 왔다.

"어떻게? 잘 된 거야?"

"예. 저 감방 안 갈 거 같아요. 근데 집에는 못 있어요. 가서 말씀 드려도 돼요?"

다시 나타난 나영이는 가방에다 쇼핑백 두 개를 손에 들고 있었다. 현관에서 나를 보자마자 나영이는 말했다.

"저 인제 완전히 집 나왔어요. 헤헤."

짐을 바닥에 내려 놓은 나영이는 말을 이었다.

"어제 아빠가 그랬어요. 이제 완전히 연 끊자고. 나가서 맘대로 살래요. 요번 일은 새엄마한테 말해서 어떻게든 없던 걸로 해줄 테니, 대신 다시 얼굴 비추지 말래요."

"…그랬구나."

"아빠도 새엄마랑 깨진 거 같아요. 전부 나 때문이라고. 내가 있어서 잘되는 일이 하나도 없대요. 인제는 저 진짜 집도 없어요. 크크."

나영이는 담배를 한 대 꺼내 물었다.

"일주일 동안 죽는 줄 알았어요. 아무 데도 못 가고. 어쨌든 그래서 보이는 것만 대충 들고 나왔어요. 이제부터 있을 데 구해야 되는데, 오빠 집에 한 사흘만 있게 해 줄 수 있어요?"

모든 게 원점으로 돌아왔다. 처음 그때도, 아이들은 사흘만 있게 해달라고 했었지. 그리고 나영이가 떨어져 나왔었다. 어떻게든 애써서 집으로 돌려보냈다. 결과적으로, 나는 이제 나영이가 돌아갈 집마저 없다는 사실을 확인하고야 말았다. 유미와 은비가 했던 말이 생각난다. 나영이는 절대 집으로 돌아갈 수 없다고. 그 말대로 내 바람은 전부 헛수고가 되고 말았고, 오히려 마지막 위안처의 가능성을 확인사살해 버린 꼴이 되었다.

때는 12월, 겨울의 찬바람이 기세를 떨치기 시작할 무렵이었다.

이때의 심정을 돌이켜보면 참담했다. 나는 나영이에게 말미를 줄 테니 있을 데를 알아보라고 말했지만, 이전의 경험에 비추어보면, 내가 나가라고 할 때까지는 눌러앉아 있을 게 뻔했다. 밖은 한겨울이다. 나는 이런 날씨에 시간 맞춰 나가라고 할 위인이 못 된다.

물론 나영이는 전처럼 열심히 청소와 설거지를 할 것이다. 내가 신경 쓸 짓은 더 이상 하지 않을지도 모른다. 그러나 나는 이제 어떤 목적을 잃어버린 느낌이었다. 나영이는 이제 가출소녀라고 하기도 어렵다. 부모는 아이를 포기했고, 나영이에겐 돌아갈 집이 없다. 게다가 아버지에겐 나영이를 거부할 확실한 이유마저 생겨버렸다. 충분히 이해한다. 그전까지 없던 불신이 생겼음을 나 스스로도 확인했으니까. 그렇다면 난 나영이를 어떻게 대하는 게 좋을까. 뭔가를 가르쳐보겠다는 마음도, 어떻게든 밖에서 떠도는 생활은 면해야 한다는 의지도 이젠 생기질 않았다. 어떤 시도도 결국 물거품이 되고 말겠지, 그런 무력감이 마음을 지배했다.

그때 내가 결국 내린 결론은, 판단하지 말자는 것이었다. 나영이에게 무엇이 좋고 나쁘고를 합리적으로 판단하고, 그에 따라 행동해온 몇 달이었다. 이제는 그 긴장의 끈을 팽팽히 당기지 않기로 했다. 내 처지에서 가장 먼저 보장받아야 할 일은 나 자신의 평화다. 자신의 삶 때문이 아니라, 괴물이 되지 않기 위해서는 스스로 평온해야만 한다. 조급함은 분노와 미움을 낳는다. 지금까지 합리적인 목적을 향해 나 자신을 밀어붙였다면, 이제는 이 상태 자체를 편안하게 바라볼 때다.

겨울이 가려면 석 달은 걸린다. 이제는 귀가의 목표가 없어졌으니, 공부보다도 나영이가 늘 해야 된다고 되뇌었던 아르바이트가 필요하다. 방값만이라도 해결되면 남는 시간에 여기서 밥도 먹고, 놀 수도 있고, 그러다가 공부 시작할 수도 있다. 쉽지는 않겠지만 조급해하지는 말자. 잘 될지 안될지도 너무 걱정하지 말자.

정리가 잘 되지 않는 느낌이었지만, 그조차도 너무 신경 쓰지 말자고 생각하면서, 나는 나영이에게 컴퓨터 자리를 내주었다. 그때 나영이가 뭔가 작심한 듯 입을 열었다.

“근데요, 이번에 여기 오면서요, 인제는 오빠한테 좀 잘해
줘야겠다고 생각했어요.”

“응? 잘해주다니? 그럼 지금까지 막했다는 거 인정하는 거
야?”

“그건 아니잖아요! 아니 농담이구요, 고맙기도 하고 그래
서.”

“그래서 뭐 어떻게 할 건데.”

“인제부턴 제가 애인처럼 잘 해드릴게요.”

애인처럼? 애인처럼이라니?

지금 무슨 말인지 알고 하는 소린가?

나는 마구 솟아오르는 상상을 억지로 수습하며 말했다.

“푸후, 애인처럼 하는 게 어떻게 하는 건데?”

“그러니까요.”

나영이는 내게 다가오더니, 쪽 하고 볼에다 뽀뽀를 했다.
그리곤 도로 의자에 앉았다.

“… 이거였어?”

“네에.”

“에이, 이거 갖구 애인처럼 되겠어?”

“그럼 되죠.”

"야, 뽀뽀하려면 여기 정도는 해 봐라."

나는 짐짓 입술을 쭉 내밀어 손가락으로 가리켰다. 그러자 나영이는 정말로 일어나서 입술을 뾰족하게 내밀어 뽀뽀를 했다.

"인제 됐죠?"

정말 그럴줄은 몰랐기 때문에, 나는 잠시 당황해 있었다. 나영이가 물었다.

"해주니까 좋아요?"

"응, 응."

"좋댄다!"

나영이는 깔깔 웃으면서 뒤돌아 앉았다.

어쨌든 기분이 나쁘지 않았다. 그리고 그 기분은, 한참 공들여 사귀게 된 여자아이와 첫 키스를 했을 때의 느낌보다는, 지난 추석에 만난 조카애가 '삼촌한테 뽀뽀' 하는 쪽에 훨씬 가까웠다. 아쉽다기보단 흐뭇했다. 내가 진짜로 바란 나영이와의 관계는, 뭐라고 규정지은 적은 없지만, 나영이 스스로가 원해서 진전된 것이었으니까 말이다. 그게 실제로 이루어졌다.

하지만 또한, 이 관계의 진전이 무엇을 의미하는가도 조금은 알 수 있었다. 이제 의지할 사람이 나밖에 없다는 사실을 나영이는 어렴풋이 자각했던 게다. 그리고 내게 의지하면서 뭔가를 빚지고 있다는 기분도 들었으리라. 잠자리 몇 번으로 그 빚을 때우려 하지 않았다는 건 나로서도 고마운 일이다. 내가 나영이에게 잘못 대하지 않았다는, 그리고 나영이가 옛날의 잘못을 반복하지 않으려는 증거라고 나는 생각했다. 뽀뽀가 그 증거라면 절대 사양할 이유가 없다.

이제 사고무원의 처지가 되었고, 방금 집에서 나온 나영이를 앞에 두고 나는 약간 흐뭇한 기분이 되었다. 나영이는 예전에도 그랬듯이, 어느새 게임에 열중해 있다. 예전에도 비슷한 상황이 있었고, 앞날을 걱정하지 않는 나영이를 나는 걱정스럽게 바라보았었다. 지금도 걱정거리가 태산인 상황은 마찬가지다. 그렇지만 나는 잠시 생각을 접기로 했다. 아마 나도 나영이와 같이 있으면서, 조금씩 영향을 받고 동화되는 면이 있으리라. 걱정을 잊는 것도 나쁘지 않다. 다만 언제든 현실로 돌아올 수 있어야겠지.

판단을 멈추고 현재에 충실하자, 그렇지 않았더라면 애초에 나는 아이들을 처음 만나서 떡볶이를 사주지 않았을 것이다. 그러니 지금도 마찬가지다. 나영이와 있는 게 즐거울 땐 즐거워하자. 걱정스러울 때엔 걱정하자. 생각이 앞서지 말자.

“나중에, 영화나 하나 보러 가자.”

나는 나영이에게 넌지시 말했다. 나영이는 멈춤 버튼을 누르고는 날 뒤돌아 보았다.
“무슨 영화요?”
“〈전우치〉란 영환데…”
“그런 영화도 있어요? 재밌어요?”
“그럴 거 같으니까 보는 거지.”
“알았어요. 근데 먼데 가지 마요.”
“알았어.”
“그래요 그럼. 근데 밥 먹으면 안돼요??”
“그래. 밥 차려줄게.”

나는 식사 준비를 시작했고, 나영이는 다시 게임 세상에 접속했다. 야채 써는 소리가 잔잔하게 울렸다. 평화로운 순간이었다. 하지만 이 평화가 오래 가지 않으리라는 불안은 어렴풋이 들었다. 나영이가 도둑질을 했다는 사실, 그리고 그 죄를 내가 어떻게 대해야 하는지에 대한 막연한 책임감이, 담배연기처럼 이 평온한 오후의 집 안에 눅눅히 스며들었다.

나영이의 선택

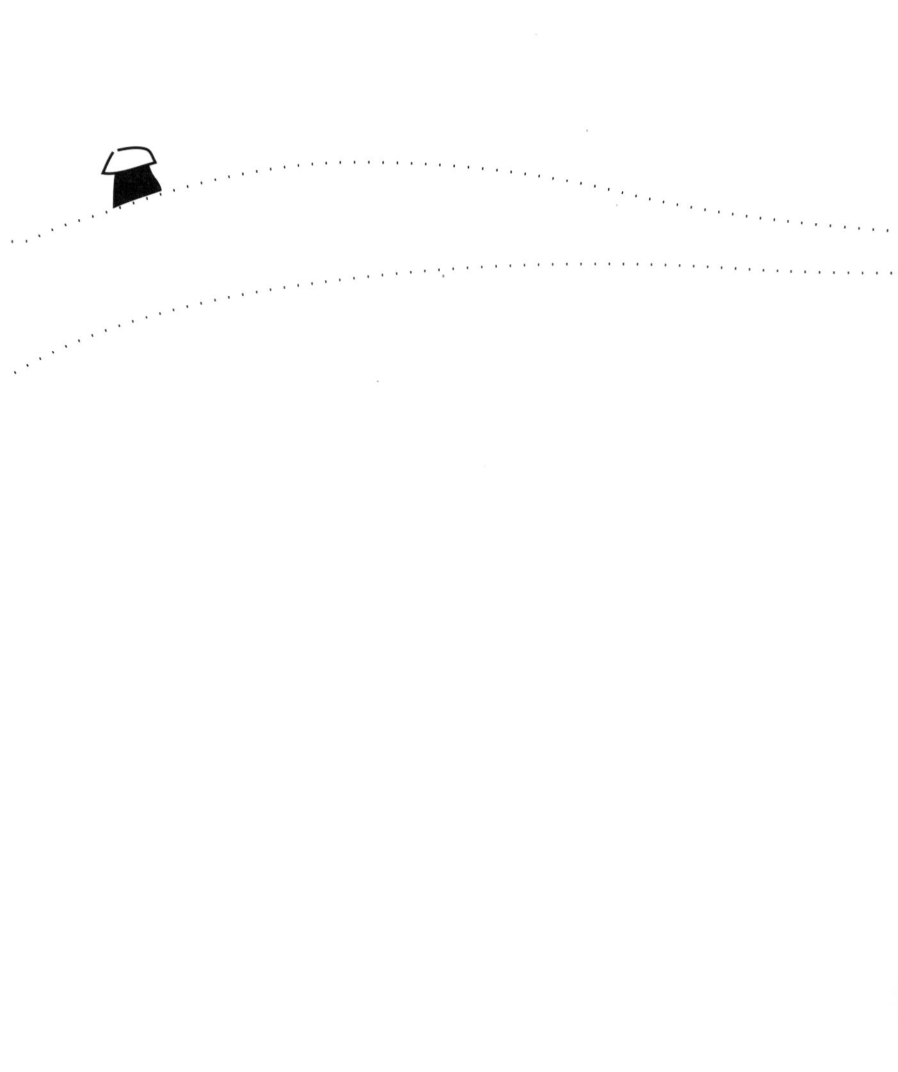

아이들이 처음 집에 머물기 시작했을 때, 내가 믿고 상의할만한 사람은 많지 않았다. 연재를 하게 된 딴지일보의 몇몇 인사를 제외하면, 강 원장은 내가 유일하게 상담을 청한 인물이었다. 조그만 보습학원을 꾸려나가고 있던 원장은, 내가 아이들 때문에 골머리를 썩이고 있던 즈음, 역시 한때 비행청소년이었던 아이를 공부에 길들이게 하느라 고민 중이었다. 다만 그 아이는 집안 사정이 좋았고, 또 잠시의 유혹에 빠지기 전까지는 공부도 잘했던지라 나영이와 같은 처지는 아니었다. 그래도 사회 일탈의 맛을 경험한 아이가 여느 학생처럼 공부에 매진하기는 결코 쉽지 않다. 나는 원장에게 저간의 사정을 이야기했다. 단지 그뿐, 어떤 대책을 바라지는 않았다. 이런 일에 궁극의 해답이 없다는 사실은 경험이 있든 없든 다들 알고 있다.

원장은 기회가 되면 아이들을 한번 보고 싶다고 했지만 그럴 기회는 마련되지 않았다. 학원은 규모가 크지 않아서, 말은 원장이지만 온갖 자질구레한 일도 다 스스로 처리하는 형편이었다. 하다못해 청소하고 컵 씻는 일까지 원장이 전부 도맡아 했다. 그래서 원장은 혹여 아르바이트를 하겠다고 하면 데리고 오라는 언질을 남겼었다. 학원 벌이가 그리 충분하지 않다는 사정을 잘 알고 있었기 때문에, 나는 말만으로도 아주 감사했다.

나영이가 이 집에 있게 된 후 아르바이트 자리를 구하겠다고 했을 때, 나는 맨 처음 원장을 떠올렸다. 나영이가 구할 수 있는 아르바이트는 주유소, PC방, 식당 정도였다. 하지만 지금껏 나영이는 아르바이트를 해본 적도 없었다. 제때 급여가 나오지 않는다는 소문은 익히 들어왔으며, 또 중졸도 하지 않은 나영이가 고졸 지원자보다 경쟁력이 있을리도 만무했다. 학원 청소 일은 그에 비하면 훨씬 쉽고 안정적이다. 하지만 나영이는 내 제안을 거부했다.

"왜?"

"애들 있는데 가기 싫어요."

"딴 데 구하면 애들이 안 오니? 그리고 내가 소개시켜준 거니까 함부로 짤릴 일도 없는데."

"그냥 싫어요. 딴 데 해볼래요."

나는 나영이가 아르바이트를 구해 한 두 달 월급을 모으면 일단 고시원이라도 얻을 수 있을 것이고, 그러면 거기 있으면서 계속 아르바이트를 늘려나가는 식으로 진전되기를 바랐다. 하지만 나영이는 급하지 않았다. 평양 감사도 제가 싫다면 그만이다. 아르바이트 구하는 일은 하루 하루 늦춰져갔고, 그 와중에 2010년 새해가 밝았다.

나영이는 이 집에 완전히 익숙해졌다. 설거지와 청소를 하고 나면 늘 그렇듯 컴퓨터 게임에 빠져들었고, 그러다가 지겨워지면 TV를 보곤 했다. 나영이는 개그콘서트 같은 코미디 프로그램을 좋아하지 않았다. 개그맨들의 말이 왜 웃긴지를 나영이는 이해하지 못했다. 개그 코미디가 상당한 수준의 어휘력과 사회의 이해를 필요로 한다는 사실은 새삼스러웠다. 나영이가 제일 좋아하는 프로그램은 시트콤이었다. 케이블 채널에서 오후 1시마다 틀어주는 ‘하이킥’ 재방송을 나영이는 시간 맞춰 꼬박꼬박 보았다.

“저는요, 개그맨이 되고 싶어요.”

처음 만났을 때부터 나영이는 개그맨이 꿈이라고 말했었다.

“개그맨 되려면 연극 같은 거 해야 되는데.”

“연극? 그런 건 잘 모르겠구요. 저 웃긴 표정 잘 짓거든요.”

　그러면서 나영이는 예쁘장한 얼굴을 굳이 찌그러트리며 바보 흉내를 냈다. 그러면 나는 맞장구를 치며 웃어주었다. 그러나 나영이에겐 다른 레퍼토리가 없었다. 어쩌면 먼 훗날 슬랩스틱 코미디로 이름난 나영이를 보게 될는지는 모를 일이지만, 다른 사람의 기분을 헤아릴 줄 모른다면 사회생활이든 연극이든 벽에 부딪치게 되겠지.

　나영이는 오랜 시간 동안 또래 아이들로만 구성된 환경에 머물러 있었다. 어른들의 간섭이 싫어서 집을 나온 아이들은 서로에게 별다른 간섭을 하지 않는다. 다만 선후배 관계 같은 건 엄격해서, 말에 따르지 않으면 린치를 당하곤 했던 모양이다. 다굴 당하는 거다. 나영이가 내 말을 들었던 건 내 말이 합리적이거나 옳다고 판단해서라기보다는, 윗사람의 말을 무조건 따라야 했던 습관 때문이었다. 그 와중에도 아이들은 제 앞가림을 알아서 하고 나름대로의 판단력을 키워가겠지만, 불행히도 나영이는 수동적인 태도에 머물러 있었다.

　나는 나영이가 어떻게 살았으면 하는지에 대해, 여러 차례 그리고 조금씩 나영이와 얘기를 했다. 담배 한 대를 피우면서, 또 가끔은 맥주 한 캔이라도 마시면서 자연스럽게 화제를 꺼냈다. 그 모든 상황들을 다 기억하지는 못한다. 나는 이 집에서의 생활이 언제까지나 지속될 수 없고, 미리 대비를 하지 않으면 결국 다시 예전의 방랑 생활로 돌아갈 것이며,

그렇게 되면 지금까지 몇 달 동안 나영이가 보여준 좋은 모습들이 다시 묻혀질까 염려했다. 이제 집으로도 돌아가기 어렵게 된 마당이다. 그러니 앞으로 어떻게 되든 중요한 건 나영이 스스로가 어떤 의지를 가지는가다.

때문에 나는 마음 속으로야 좀 애가 탔지만, 나영이의 결론을 서둘러 이끌어내려 하지는 않았다. 나와 나영이 사이에 있는 권력 관계는 피할 수 없다. 그러나 옳은 일이라고 해서 권력 관계에 의존해 일방적으로 밀어붙여서는 안 된다고 나는 믿었다. 이 믿음이 항상 옳지는 않겠지만, 정작 심각한 문제는 옳음에 대한 굳은 신념 때문에 발생하는 법이다. 내가 해줄 수 있는 일은 나영이에게 놓인 선택지를 분명하게 보이도록 도와주는 것이고, 충고는 해줄 수 있지만 선택지 자체에 대한 판단은 오로지 나영이의 몫이어야 했다. 그래야만 나영이는 뭔가를 배울 수 있을 테니까.

그리고 1월 중순, 나영이는 드디어 학원 아르바이트 얘기를 꺼냈다.

"정말 해보려고?"

"예. 근데 힘든 일 시키는 건 아니죠?"

"그런 건 아닐 거야. 청소 시킬 거라고 알고 있는데, 잘하면 또 다른 일도 시킬지 모르지."

"다른 일 뭐요?"

“그것까진 나도 몰라. 일단 해봐야 알지. 그것보다도, 학원 나가려면 약속을 해야 할 게 있어.”

“뭐요?”

“거기선 담배를 피우면 안 돼. 절대로.”

“나가서 피우면 안 돼요?”

“그것도 안 돼. 니가 학원 애들한테 담배 냄새 풍기고, 화장 떡칠하고 있으면 어떤 부모가 좋아하겠니? 그러면 학원 운영에 방해가 될 수도 있어. 그거 약속 못하면, 학원 일은 안 돼.”

“일하는 동안 계속요?”

“응. 그동안은 참아야 된다.”

“아 그런 게 어딨어요.”

나영이는 계속 툴툴거렸지만, 이 점에선 나도 양보를 할 수가 없었다. 끝내는 버스 갈아타기 전에 한 대 피우는 걸로 타협을 봤다. 그리고 거기 다니는 아이들은 아무도 화장을 하지 않는다고 나영이를 설득해야 했다. 나영이는 결국 약속을 했고, 나는 원장에게 전화를 걸어 만날 약속을 잡았다.

약속된 날에 나는 나영이를 데리고 학원에 갔다. 나영이는 이제 담배를 참아야 한다는 생각에 불안해했지만, 학원에 들어서자 벽을 메우고 있는 책장과 수북한 참고서들을 보고 놀라버렸다.

"이게 다 애들 공부하는 거에요?"

"이게 다는 아니지. 집에 또 있을 테니까."

"우와."

마침 점심시간이어서, 원장은 근처 중국집으로 우리를 안내했다. 탕수육과 자장면은 나영이가 제일 좋아하는 음식이었다. 늘 그러듯이 허겁지겁 밥을 먹는 나영이를 보고 나는 쓴웃음을 지었다.

"누가 보면 내가 너 밥도 안 주는 줄 알겠다."

"히히."

낯선 사람이 있어서인지 나영이는 말이 짧아졌다. 원장은 나영이에게 예쁘다고 칭찬을 하고, 집이며 가족 상황이 어떻게 되는지를 물었다. 나영이는 역시 짧게만 대답했다.

밥을 다 먹고 커피숍으로 자리를 옮겼을 때, 나는 잠시 나와 자리를 피해주었다. 아무래도 직접 해줄 말이 따로 있었을 것이다. 나는 담배를 한 대 피웠다. 생각해보니, 내가 다른 사람을 나영이와 만나게 해준 일은 이번이 처음이었다. 나도 꽤 겁이 났던 게다. 가족관계가 아닌 이상 나영이와 나를 묶어서 볼 만한 요소는 거의 없다. 있다면 그저 비정상적인 관계겠지. 어쨌든 이렇게 해서 사회 생활이란 데 발을 들여놓게 된 거고, 어쩌면 점차 이게 넓어질 수도 있겠다는 생각도 들었다. 나영이와의 생활이 조금 더 길어질 수도 있겠지만, 그 정도는 기꺼이 감수할 수 있다. 두 달만 아르바이트를 하면 고시원 방값은 모일 테니 그 다음에 생각해도 된다.

커피숍에 다시 들어가니, 원장은 한창 나영이에게 뭔가를 얘기하고 있었다. 월요일부터 나오고, 시급 계산해서 월급으로 줄 것이며, 화장은 하지 말 것, 담배는 안 된다는 얘기들.

"…그렇게 하자. 일단 그날 와서 내가 일을 시킬게. 알았지?"

"예."

"그래. 아유 귀엽네. 누가 너보고 집 나왔다고 그러겠니."

원장은 아이들에게 하듯이 나영이의 볼을 쓰다듬어 주었다. 나는 내가 저렇게 했을 때 나영이가 '우웨엑' 하며 짓궂게 반응했던 게 생각나 웃었다.

원장과 헤어진 후, 나는 나영이에게 소감을 물었다.

"어땠어? 좋은 분이지?"

"예. 엄마처럼 편하게 생각하라고 하셨어요."

"그래."

"근데, 아침 9시까지 나오래요. 자기 없으면 전화하라고 하던데요."

"아마, 오후엔 학생들이 있으니까, 청소를 하려면 사람 없을 때 하려는 거겠지."

"아 근데 아침에 어떻게 일어나요. 저 요새 일찍 일어나잖아요. 10시에. 전에는 오후에 일어나고 그랬는데. 9시까지 가려면 몇 시에 일어나야 돼요?"

"가는 데 한 시간 걸리니까, 넉넉 잡으면 7시에 일어나야지."

"아 완전 새벽인데."

"너가 여기 사정에 맞춰야지, 니 자는 시간에 맞춰서 어떻게 알바를 하니?"

"아 그래두요."

나영이는 일찍 일어나야 한다는 게 불만이었다. 학교를 그만두고 난 후, 아마도 나영이는 시간에 맞춰 일어날 필요가 없었을 것이다. 5년 넘은 습관이다. 나 역시 늦게 일어나는 습관이 있어, 새벽녘에 자고 점심때 일어나곤 했다. 그래도 아침에 일이 있으면 일어나야만 한다. 지난 가을 즈음에는 계속 아침부터 일이 있어, 자고 있는 나영이를 두고 혼자 일하러 나간 적이 있었다. 나영이는 어떻게 그 시간에 일어나냐고 놀라워했지만, 그래 봤자 샐러리맨들은 늘 겪는 일과에 불과하다. 책임감이 다른 거겠지.

처음으로 일을 나간 월요일, 나영이는 좀 근심이 됐는지 제 시간보다 일찍 일어나 세수를 했다. 나는 전날 저녁에 미리 끓여놓은 된장찌개로 아침밥을 마련해주었다. 나영이가 나가고, 나는 방을 치우고 설거지를 했다. 금방 한 시간이 지나갔다. 9시경이 되자 전화가 왔다. 나영이였다.

"원장님이 안 계세요. 전화 드려도 안 받으시고."

"원장님이 보통 밤 늦게 수업이 끝나. 아직 안 일어나셨나 보네. 그냥 기다리고 있어."

"아 그럼 뭐하고 기다리고 있어요. 심심하단 말예요."

"기다리는 것도 일이야. 저번에 학원 갔을 때 읽던 만화 국어책 있잖아? 그거라도 보고 있어."

"알았어요."

그 후로도 나영이는 여러 차례 전화를 했다. 청소를 해야 하는데 어느 방부터 닦아야 하느냐고 물었다. 나는 그런 건 직접 물어보라고 말했다. 원장은 밤 늦게까지 수업을 하는 데다가 집도 꽤 멀리 떨어져 있어서, 9시까지 오기는 내가 봐도 무리였다. 그럼에도 나영이를 아침 9시까지 오게 한 건 습관을 바꿔보려는 의도였을 것이다. 학원에서는 쓰러져 잘 수도 없고, 컴퓨터 게임도 할 수 없다. 무작정 기다리기 싫으면 책이라도 읽어야 한다. 하지만 나영이는 당장 눈앞에 사람이 없으니 뭘 해야 할지를 몰라 불안해했다. 기다림의 시간을 참아내는 법은 나영이가 가장 빨리 배워야 할 적응 훈련이었지만 또한 가장 힘든 일이기도 했다.

오후 1시가 되어 퇴근한 나영이는 돌아오자마자 이불부터 깔았다.

"힘드니? 컵 씻고 청소하고… 또 뭐했니?"
"그게 다에요."
"그럼 피곤할 일 없을텐데."
"저 진짜 할일 없어 죽는 줄 알았어요. 아 그럴 거면 왜 일찍 나오라고."
"시간 약속을 했으니 나가야지?"
"몰라요. 저 피곤해요. 아 역시 일을 하면 피곤해."

나영이는 곧 코를 골며 잤다.

며칠동안 같은 일이 반복되었다. 청소를 하고 있노라면 나영이는 그나마 집중을 했지만, 컵까지 다 씻어도 시간은 많이 남았다. 오후 1시까지는 학원에 있어야 하기 때문에, 나머지 시간을 때우는 일이 나영이에겐 고역이었다. 원장의 의도가 어차피 일 자체에 있지 않다는 걸 알기 때문에, 나는 밥

벌이를 하려면 우선 주어진 시간을 꼭 지켜야 한다고 누누이 강조했다. 한편으론 기다리는 시간도 역시 시급에는 계산되는 거라고 나영이를 달래주면서.

금요일까지 5일을 연속 일한 후, 원장은 나영이를 불러 주말에는 쉬도록 하고, 다른 일도 더 시키겠으니 시간을 늘이자고 얘기했다. 나영이는 무슨 일을 시킬지 몰라 궁금해했다. 나로서는 굳이 시급 지출을 더 늘여주려는 원장이 고마웠고, 학원에 좀더 오래 있게 되면 나라도 가서 공부를 시켜주어야겠다고 생각했다. 원장의 말을 전한 나영이가 그때 말했다.

"근데 일당은 언제 나와요?"

"일당?"

"저 요번주 일했잖아요. 그 돈이요."

"보통 한 달로 계산해. 한 달 지나면 그때 계산해서 주지."

"한 달 있어야 된다고요? 그런 법이 어디 있어요?"

나영이는 뿔난 표정으로 말했다. 나는 어이가 없었다.

"야, 일하는 데는 다 그래. 일당은 말이야, 그 사람을 다시 못 볼지도 모르는 데서나 주는 거라고. 공사판 같은 데는 사람이 계속 바뀌니까, 일당을 주기도 하지. 하지만 계속 일하는 사람한테는 월급으로 주는 거야. 그렇게 한다고 미리 말

안한 것도 아니잖아.”

“몰라요. 그럼 전 일하고 돈도 못 쓰잖아요.”

“이녀석아, 딴 사람들이 어떻게 돈 받는지 좀 봐라. 나는 월급 안 받니? 옷 가게 다니는 딴 언니들은 안 그러든? 그러니까 며칠 하고 관둬버리면 한 푼도 못 받는 거잖아.”

“아 그런 게 어딨어요. 뭐 살까 생각해놓고 그랬는데 어떡하라구요.”

입이 퉁퉁 불은 나영이는 계속 불만을 터뜨렸다. 속으론 괘씸했다. 지금 그게 내 앞에서 할 소리냐. 돈 모을 생각은 않고 쓸 생각부터 하고 앉았구나. 제가 사회 모르는 건 생각 못하고 남 탓만 하다니.

어쨌든 참았다.

“… 용돈이 필요한 거냐? 그럼 내가 줄게. 나중에 월급 받아서 갚고.”

겨우 겨우 참아가면서 나는 말했다. 나영이는 잠시 생각하더니 고개를 저었다.

“아뇨. 됐어요.”

“준다니까 왜.”

“지금 쓰면 후회할 거 같아요. 알았어요.”

그렇게 말하면서도 나영이는 답답함이 완전히 풀리지 않은 모습이었다.

일요일, 나영이는 친구들과 약속이 있다면서 나갔다. 아마도 이때 쓰려고 돈이 필요했던 모양이었다. 용돈을 극구 사양하길래 안 갚아도 된다면서 만 원짜리 한 장을 쥐어주었다. 어차피 밥 먹을 돈이라도 필요했으므로 나영이는 그 돈을 받았다. 나는 내일 출근하려면 일찍 자야 한다고 미리 언질을 주었다. 나영이는 늦게 들어오진 않겠다고 약속했다.

나영이가 돌아온 건 오후 9시 즈음이었다. 이전에는 막차 시간에 맞추어 돌아오곤 했었다. 나영이는 돈을 쓰고 남았다면서 5천 원을 내게 돌려주었다. 그리곤 컴퓨터 앞에 앉았다.

"일찍 일어나야 하니까, 12시 전까진 잘게요."

"그래."

"인제 일 열심히 할 거에요. 아 무슨 직장인 같애. 크크. 내일 시간 맞춰 알람 해놔요."

나영이는 말한 그대로, 두 시간 정도 게임을 하고는 잠자리에 들었다. 7시에 일어나는 게 자연스럽진 않더라도 잠이 모자라지는 않을 터였다. 조금은 흐뭇했다. 시간에 맞춰 자다니, 예전에는 그렇게 자라고 해도 말을 안 들었는데. 역시 일을 해야 한다.

월요일 아침, 7시에 맞춰 알람이 울렸다. 나영이는 여전히 잠에 빠져 있다.

"나영아, 일어나야지."

나영이는 꿈쩍도 하지 않았다. 피곤했나? 서둘러서 준비하면, 30분 정도는 더 자도 된다. 나는 잠시 깨우지 않고 그대로 있었다.

7시 반이 돼도 나영이는 일어나지 않았다. 이제는 깨워야 된다. 나는 불을 켜고, 컴퓨터를 켜서 잔잔한 음악을 틀었다. 잠시 의자에 앉아 있었다.

나영이는 갑자기 일어나더니, 전등 스위치를 껐다. 그리고는 다시 이불을 뒤집어 썼다.

"야, 뭐하는 거야? 일어나야지?"

나는 다소 어이없다는 투로 말했다. 나영이는 말이 없었다. 나는 다시 재촉했다.

"야, 이제는 일어나야 돼. 시간이 너무 지났어."

"안 갈 거에요."

나영이는 이불을 뒤집어 쓴 채로 말했다.

"뭐라고?"

"학원 안 갈 거에요. 하루쯤 안 가도 되잖아요."

"그게 무슨 말이야. 왜 안 가."

"아프다고 거짓말 할래요. 저 그냥 잘 거에요."

"야, 야…"

피가 확 몰리는 느낌이었다. 나 스스로 말을 더듬는 게 느껴졌다.

"왜 갑자기 안 가. 왜 거짓말을 해. 시간 맞춰 알람 해놓으란 건 너였잖아."

"아 그냥요. 나 그냥 내 맘대로 살 거에요. 더 자고 싶단 말이에요."

여전히 얼굴도 비추지 않고 말하는 나영이에게, 그전까지 느껴보지 못했던 분노가 치솟았다. 아르바이트 안 하겠다고? 거짓말 하겠다고? 내 맘대로 살겠다고? 숱한 감정의 회오리가, 절제하려는 마음을 꿰뚫어 버리는 걸 느꼈다. 손쓸 사이도 없이 말이 튀어나갔다.

"그따위로 살려면, 당장 여기서 나가!"

입술이 부들부들 떨렸다. 나는 화가 난 나 자신을 지켜보면서 나영이의 발치에 서 있었다. 억제되지 않는다. 차곡차

262

곡 마음 속에 쌓아왔던 원망들이 한번의 광풍에 제멋대로 휘날리는 느낌이다. 정리가 되지 않는다.

나영이가 이불을 홱 걷어치우며 몸을 일으켰다.

"왜 소리를 치고 그래요!"

"너가 뭘 잘했다고 이래? 야, 무턱대고 안 간다고 하는 게 잘하는 짓이야?"

"안 간다니까요. 가기 싫어요."

"니 맘대로 해."

나는 짧게 쏘아붙이고 거실로 나갔다. 담배 한 대를 물었다. 모든 게 거품이 되어가는구나.

마음은 이상하게 차분했다. 서러움이 느껴진다. 여기까지 오는 동안 어떻게든 좋게 받아들이려 애써왔다. 조금은 내 마음을 알아주는 거라고 짐작했었다. 자기 전까지만 해도 일어날 준비를 했었던 나영이다. 지금 당장 졸립다고, 내 맘대로 살겠다며 대들리라곤 전혀 생각하지 못했다. 나영이를 믿었던 거다. 그렇지 않았다면 서럽지 않았을 거다.

그리고 나는 지금껏 회피했던 물음을 다시 던졌다. 너무 진지해서 그냥 화두처럼 묻어놓고 있던 물음이었다. 나영이는 늘 지금 당장의 상황만 놓고 호불호를 판단했다. 그게 자신에게 엄청난 불이익을 가져오더라도 선택의 근거는 결국은 지금 당장의 이익이었다. 겨우 몇 시간 더 자겠다고 월급을 날려먹고, 도둑으로 몰리더라도 새엄마의 가방을 들고 나가는 짓을 멈추지 못한다. 나영이의 선택은 늘 그랬다. 그리고 앞으로의 어떤 시점에서도 그러리라 예상된다면, 나영이가 보여준 여러 모습 중에서 내가 보게 될 '지금 현재'의 모습은 결국 다르지 않을 것이다. 나는 나영이에게 좋은 마음이 있다는 걸 안다. 하지만 어떤 조건이 갖춰지면 나영이는 또 비슷한 행동을 하고야 말 것이다.

돌이켜보면 나 역시 그랬다. 잘못된 선택인 걸 알면서도, 나중에 그 책임을 받겠다는 생각으로 그냥 내키는대로 일을 저질렀고, 지금까지 그 고통에서 자유롭지 않다. 회사를 그만두었을 때에도 그랬고, 혼자만의 생활을 선택했을 때도 그랬다. 그 책임은 남이 대신해줘선 안된다. 부모가 나를 챙겨주었을 적에는 난 아무것도 배우지 못했고 달라지지 않았다. 옳게 깨닫지 못한다면, 과거는 허상이고 오직 현재만이 존재한다는 가르침은 충동을 변명하기 위한 도구에 지나지 않게 된다.

그렇다면 인정해야 되는가. 나영이의 현재는, 자신의 그릇된 충동을 극복하지 못한 모습이란 걸. 집안 살림에 열심이었던 나영이 쪽이 오히려 내 욕망이 만들어낸 허상이었나.

　자꾸 대답이 그렇게 나온다. 속상하다. 아니라고 말하고 싶다. 이미 수많은 어른들이 내려준 결론에 나도 동참하고 싶지 않다. 내가 왜 지금까지 그토록 고민했는데.

　나영이가 거실로 나왔다. 아무 말 없이 담배를 꺼내 물었다. 잠시 정적이 흘렀다. 나는 차분한 목소리로 물었다.

　"정말 안 갈 거니?"

　"네."

　"왜?"

　"스트레스 받아요. 정말 아침에는 일어나기 싫단 말에요."

　"일이 니 맘대로 되는 건 아냐."

　"그러니까 안 한다구요."

　"알았다. 더 말 안 하지. 원장님한테는 전화해라."

　"안 할 건데 전화 해야 돼요?"

　"원장님이 너한테 잘못한 거 없잖아. 니가 전화하는 게 예의야. 일을 하다가 그만둘 수도 있겠지만, 연락도 없이 생깐다면 누구도 널 좋게 기억하지 않아. 그래도 싫다면 말리진 않겠다."

　나영이는 예의 없다는 말을 무척 싫어한다. 잠시 생각하더니 나영이는 말했다.

　"알았어요. 좀 있다가 걸게요. 뭐라고 말해요?"

“있는 그대로 말해.”

나는 무뚝뚝하게 대꾸했다. 점심 때가 가까워서야 나영이는 원장에게 전화를 걸었다. 원장은 나영이의 갑작스런 반응이 당황스러웠을 것이다. 나는 나중에 원장에게 전후사정을 보충해서 이야기했다. 원장은 자신이 나영이에게 소홀히 대했는지 근심하고 있었다. 기회가 되면 다시 보내겠다고 했지만, 그럴만한 염치는 솔직히 없었다.

나영이는 다른 아르바이트를 구하겠다고 했다. 나는 지금이라도 마음을 고쳐 먹고, 학원에 다시 가서 원장과 면담해보라고 권했지만 나영이는 듣지 않았다. 힘이 빠졌다.

나영이가 학원 일을 그만두면서 나는 그간 다졌던 의지가 꺾여버린 느낌이었다. 이제 뭘 더 어떻게 해야 할지, 무엇이 옳은 선택인지 갈피가 잡히지 않았다. 지금껏 난 주제넘은 짓을 했던 것일까. 아니면 그래도 의미 있는 시간이었던 걸까. 나영이는 금세 이 일을 잊어버리고 예전의 생활 패턴으로 돌아갔지만, 나는 겉으로만 대꾸해주었을 뿐, 뭔가를 해보겠다는 의욕을 느끼지 못했다. 내 힘은 다했고, 외부의 어떤 계기가 있어야만 했다.

내가 아이들을 만나게 되었던 때에도 그런 기분이었다. 당시 나는 스스로 마음을 추스리면서 어떤 자신감에 차 있었다. 이제는 새롭게 시작할 수 있겠다는 활력을 느꼈다. 비유하자면 '가장 무서운 호랑이'와 같은, 삶에서 가장 견디기 어려운 시련도 나는 이겨낼 수 있다고 다짐했었다. 약간은 신비주의 체험 비슷하게 들릴 수 있는 이야기지만, 그런 시련이 곧 닥칠 것이라고 믿고 있었다. 그리고 나는 아이들을 만났다.

시간이 흘러 그때 돌덩이처럼 굳은 듯 했던 다짐은 이제 많이 닳아버린 느낌이었다. 그러나 그 대신에 아이들에게 약간의 도움이라도 됐다면 충분하다고 나는 생각했다. 이제는 나에게도 어떤 계기가 필요했다. 나영이와의 관계를 지속시키는 게 옳다면 그럴만한 계기가 만들어질 것이다. 그러니 편안한 마음으로 기다리자, 그렇게 마음을 먹었다. 지금 생각해보면 나도 많이 지쳤던 듯하다. 처음 아이들을 만났을 때 힘들어했던 성적 충동은 이제 아무렇지도 않았다. 그보다는 나영이의 답답한 미래, 그리고 그동안 있었던 사건들을 마주하면서 쌓인 스트레스가 훨씬 무거웠다.

계기는 생각보다 일찍 찾아왔다.

금요일에 나는 마트를 다녀왔다. 먼저 은행에 가서 현금을 좀 찾은 후, 마트에서 먹을거리를 사서 돌아왔다. 나영이는 토요일 아침에 친구들을 만나러 나간다고 했다. 그러면서 용돈이 좀 필요하다고 말했다. 내일 나갈 때 주겠노라고 나는 대답했다.

다음날 일어나보니 나영이는 이미 나가고 없었다. 해는 벌써 중천이었다. 토요일에는 일을 나가야 한다. 나영이가 없으니 굳이 밥을 하기가 번거로웠다. 나는 준비를 마치고 지하철역 근처 식당에서 식사를 했다. 그리고 계산을 했다.

뭔가 허전한 느낌이 들었다. 나는 지갑에서 돈을 꺼내 세어보았다. 어제 돈을 찾은 후, 마트에서 물건을 사곤 오늘 이 식당에서 처음 지갑을 꺼낸 것이다. 딴 데다 돈을 쓸 새가 없다. 그러나 아무리 세고 생각을 더듬어봐도, 있어야 할 돈에서 4만 원이 부족하다.

설마.

하지만 다른 결론이 없다. 불과 12시간 내에 돈이 사라질 이유가 없다. 한때 집에 돌아와 지갑을 감춘 적도 있었지만, 어느새 나도 경계심이 풀어져 있었다. 나영이는 내가 늘 바지 뒷주머니에서 지갑 꺼내는 모습을 봐왔다. 그리고 나영이는 오늘 아침 용돈이 필요하다고 했었다. 아무리 생각해도 나영이 외에는 다른 변수가 없다.

하루종일 나는 찜찜한 기분을 벗어날 수 없었다. 지갑에 손을 댄다는 건 액수의 문제가 아니다. 바로 얼마 전 새엄마 사건도 있었다. 몇 번이나 단단히 주의를 주었다고 생각했는데, 다시는 하지 않을 거란 말을 믿었는데, 불과 한 달 지나

다시 일을 저지르다니.

집에 오는 길에 학원 원장을 찾아갔다. 원장은 나영이 일을 안타까워했지만, 다른 방도는 없었다. 원장은 나영이의 일주일치 급료 10만 원을 챙겨 주었다. 나름대로 배려해 준 것이라 그저 고마운 마음뿐이었다. 나는 나영이의 급료를 윗주머니에 챙겨 넣었다. 자정이 넘어 집에 돌아왔을 때, 나영이는 자려고 누워있던 참이었다.

나영이가 혹시 먼저 말을 할지도 모른다. 내가 깨지 않아서 돈을 꺼내갔다고, 그렇게만 말해도 나는 마음이 편해질 수 있었다. 하지만 나영이는 잠시 누워있다가 잠이 들었다. 내가 잘못 생각한 걸까, 혹시 하는 마음에 다시 지갑을 확인하고 지출 내역을 점검해봤지만, 숫자는 바뀌지 않는다. 확실하게 돈이 빈다.

나영이를 미워하지는 않았다. 나영이는 자신의 행동이 어떤 결과를 불러올 지 모른다. 그러니 거의 반년 가까이 지속된 관계를 이렇게까지 망쳐버릴 수 있는 거겠지. 잔머리가 있다면 지갑이 제일 두툼했을 적에 몽땅 들고 튀든지, 눌러있을 생각이라면 천 원짜리만 꺼내가서 눈치채지 못하게 했어야 한다. 보나마나 나영이는 용돈이 없어서 몇 푼 꺼내가려다, 돈이 좀 있으니까 그냥 쓰고 싶은 만큼 꺼내갔던 거다. 그 철없는 모습을 상상하면 애처롭기만 했다.

그러나 책임은 져야 한다. 나영이가 새엄마 지갑을 훔쳤을 때, 나는 어떻게든 새엄마의 용서를 받아내라고 했었다. 과연 나영이가 새엄마에게서 직접 용서를 받았는지는 불분명하다. 추측컨대 나영이는 그저 당시의 상황을 모면하기만 하면 좋겠다고 생각했을 거다. 아버지가 대신 용서를 받아주겠다고 하니 그걸로 족하지 않았을까. 어쨌든 그 사건은 나영이의 새엄마와 아버지에게 칼자루가 쥐어져 있었으니 내가 판단하긴 어렵다. 나는 그러나 나영이가 자기 잘못을 반성하는 모습을 보지 못했다. 좀더 엄하게 나갔어야 하지 않았냐고 나는 스스로에게 질책을 했지만, 정보 불충분을 핑계로 더 이상 나영이를 추궁하지 않았다. 이번엔 그렇지 않다. 나영이는 잘못을 했고, 그 책임을 물을 사람은 나밖에 없다.

생각이 여기에 미치자, 나는 한편으로 그러고 싶지 않다는 마음 또한 느낄 수 있었다. 그 마음이 왜 생겨났는지도 안다. 나영이를 야단쳐도 좋고 내쫓아도 좋지만, 그렇다고 완전히 연을 끊어 아무데도 기댈 데 없는 아이로 만들고 싶지는 않았기 때문이다. 자식에게 벌을 주느라 부모가 집 밖으로 내치는 경우도 있다. 그게 가능한 건 정말로 집에서 쫓겨난 게 아니라서다. 내가 정말 바라는 건 나영이를 내쫓는 건가, 아니면 나영이가 잘못을 깨닫는 건가 자문해보면, 후자 쪽임은 확실했다.

　그러니 나영이에게 책임을 물으면서도, 차마 단칼에 내쳐버리지는 못할 것이다. 우유부단하다 해도 할 수 없다. 지금까지 숱한 고민스런 상황에서 나 스스로를 믿고 판단해오지 않았던가. 편하게 생각하자. 나영이와 정을 떼겠다는 생각은 없지만, 이제는 나갈 날짜를 확실하게 정해야겠다고 마음 먹었다.

　다음날 아침, 나영이는 일어나 식사를 끝낸 후에도 지갑에 관련된 얘기를 꺼내지 않았다. 나는 나영이를 불렀다.

　"혼내지 않을 테니까 솔직히 말해봐."

　"뭘요?"

　"어제 내 지갑에서 돈 빼가지 않았니?"

　나는 부드럽게 말했다. 나영이는 움찔하는 기색이었지만, 내가 추궁하려는 기색이 없는 것을 알고 곧 마음을 놓았다.

　"예. 제가 가져갔어요."

　"얼마 가져갔니?"

　"4만 원이요."

　"그래… 잘 얘기했다. 오늘 얘기할 게 좀 많구나."

　"아침에 용돈 필요하다 그랬는데… 오빠가 하도 잘 자고 있어서… 안 깨울라고 그랬어요."

나영이의 말에 나는 고개를 저었다.

"내가 자든 안 자든, 남의 지갑에 손대면 안 된다는 건 알고 있잖아. 너 같으면 어떻겠어. 날 깨우는 게 맞니, 아니면 아무 말 안하고 돈 가져가는 게 맞니?"

"죄송해요. 그래서 다 안 가져 갔잖아요."

"4만 원씩이나 가지고 뭐했니? 돈이 남았어?"

"… 그냥 쓸데가 있었어요. 돈은 안 남았어요."

나는 어제 원장이 준 봉투를 가져왔다.

"너 알바 한 거, 원장님이 돈 줬어."

"어 진짜요? 얼마에요?"

"10만 원이다."

"우와. 난 한 사오 만 원 정도일 줄 알았는데."

"일단 여기서 4만 원을 뺄게. 내가 준 용돈이면 상관 없지만, 넌 허락도 없이 돈을 가져갔어. 그건 돌려받아야 돼."

"알았어요. 어차피 돈 받으면 갚으려고 했어요."

"그런 소리 마. 내가 언제 돈 갚으라고 한 적 있어? 밥값 내라고 한 적 있어?"

"……"

"내가 돈이 많았으면 이런 소리도 안 했겠지. 용돈도 자주 줬을테고."

"아니에요, 죄송해요. 진짜로 앞으론 손 안 댈게요."

"그래야 돼. 절대로 남의 돈 손대지 마라. 그리고 남은 돈 말인데."

나는 봉투에서 돈을 꺼내 4만 원을 지갑에 넣었다. 6만 원이 남았다.

"지금 그냥 줄까. 아니면 모아놨다가 너 나갈 때 줄까. 가지고 있으면 또 써버릴까봐 그래."

"오빠 그냥 가지세요. 저한테 돈 많이 썼잖아요."

나영이는 풀죽은 모습이었다. 나는 조금 생각하다가 말했다.

"우선 만 원 줄게. 나머지는 나중에 너 나갈 때 주고. 혹시 중간에 돈 필요한 일 있으면 말해. 맡겨놓은 거니까 언제든지 주면 되잖아."

"아녜요, 진짜 오빠 가져도 돼요."

"아무튼, 일단 만 원은 받아."

나영이에게 지폐 한 장을 주었다. 나영이는 평소에는 잘 들고 다니지 않는 지갑에 그 돈을 넣었다.

"학원 알바를 계속했으면 좋았겠다는 생각은 지금도 똑같애. 하지만 니가 싫다면 어쩔 수 없지. 빨리 알바를 구해. 나는 한겨울에 너 나가게 할 생각은 없어. 그러니까 2월 말까지는 있을 데를 알아봐. 알바를 해서 돈 모으는 것도 좋고.”
“네에.”
“그래봤자 한 달밖에 안 남았어. 놀지만 말고 빨리 구해봐. 알았지?”
“알았어요.”

그 후로 나영이는 다시 지갑에 손을 대지 않았지만, 나는 예전처럼 나영이를 믿지는 못했다. 내색은 하지 않더라도 언제든 나영이가 잘못된 선택을 할 수 있다는 불안감이 가시지 않았다. 그 불안감 때문에 나는 평소에 점검해보지 않았던 물건들과 전화 사용 목록을 들춰보았다.

예전에 아이들이 있다가 나간 후, 나는 IPTV의 유료 영화와 애니메이션이 결제된 것을 나중에야 발견했다. 1만 원이 좀 넘는 금액이었다. 아마도 범인은 애니메이션을 즐겨 보았던 유미였을 것이다. 그러나 나갈 때에도, 아이들을 다시 만났을 때에도 아무도 그 얘기를 하지 않았었다. 금액이야 얼마 되지 않지만, 그런 식으로 골탕을 먹였다는 게 나는 괘씸했다. 나영이가 잠시 집에 돌아가 있던 11월경에, 나는 IPTV를 해지하고 대신 인터넷 전화를 놓았다.

나영이의 휴대폰은 미성년자 선불 요금제로, 매달 아버지

통장에서 자동 결제되는 모양이었다. 그 결제분을 나영이는 일주일 안에 써버렸다. 그러고 나면 수신만 되고 발신통화를 할 수 없었다. 그래서 나는 중요한 일이 있으면 인터넷 전화를 쓰라고 얘기해 두었었다.

지갑 사건이 있고 얼마 안 되어, 나는 인터넷 전화 요금을 검색해 보았다. 내가 기억하는 인터넷 전화 사용은 중국집 주문 정도가 전부였다. 모르는 휴대폰 번호로 3시간이 넘게 통화한 기억은 없다. 그것도 내가 일을 하고 있을 토요일 밤 시간에. 문제는 전화 단말기에 이 기록이 없다는 것이다. 홈페이지를 통해 굳이 찾아보지 않았다면 결코 알 수 없었을 것이다. 아이들은 휴대폰 도사다. 전화하고 난 후 통화내역 삭제하는 정도는 어렵지 않다.

나는 나영이에게 사실을 캐물었다. 나영이는 친구와 통화한 적은 있지만 얼마나 했는지는 기억나지 않는다고 변명했다. 더 추궁하지 않았다. 통화 기록을 삭제하지 않았다면 잔소리 한 번 듣고 말 일이었다. 하지만 나영이는 그걸 숨겼다. 그 후론 단말기에 암호를 걸어 놓을 수밖에 없었다.

실수는 할 수 있다. 내가 중학생 때, 용돈이 너무 적어서 아버지 바지 주머니를 뒤진 적이 있었다. 지폐는 빼고 백원짜리 동전만 꺼내 용돈으로 썼다. 그러다가 들켜서 크게 혼이 났다. 어린 마음에 잘못했다는 생각보단 너무 적은 용돈이 원망스러웠던 기억이 난다. 그렇지만 그 짓을 다시 하지는 않았다. 철없는 실수는 용서 받을 수 있지만, 같은 일이 반복된다면 철없다고만 할 수는 없게 된다. 자신이 저지른 짓에 대한 책임을 회피할 순 없다. 그리고 내가 나영이를 불신하는 상태에서는 아무것도 도와줄 수 없으리라. 의지를 기대했지만 밑빠진 독에 물 붓기였고, 앞으로도 그럴 것이다.

판단의 근거는 충분했고 결론은 합리적이다. 그러나 나는 행복하지도, 안도의 한숨을 쉬지도 못했다. 행복은커녕 이런 결정을 내리게 된 상황에서 도망치고만 싶었다. 결국 모든 사람에게서 버림받은 불쌍한 나영이. 제 스스로 무덤을 파는 나영이.

널 쫓아내는 게 얼마나 혹독한 짓인지 아는데도, 자꾸만 그렇게 나를 내모는구나. 조금만 약았다면 날 이용해먹을 수도 있었을텐데, 절대로 자존심을 굽히려 하지 않았지. 이제 나는 널 내보내기로 마음 먹었다. 그런데 너는 어떻게 그리 편하게도 코를 고는 거냐. 너는 늘 똑같은데 나 혼자서 제멋대로 널 보아온 거니?

회한 섞인 물음들이 매일매일 나를 스쳐갔다. 나영이를 내보내기로 마음 먹은 후, 나는 애써 고민들을 회피하려 했다. 하루하루 데드라인이 닥쳐오는 나영이에 대한 안타까움은 합리적인 사고로 결코 해결되지 않았으니까. 빨리 아르바이트를 구하라고 채근했지만, 나영이에게 알맞은 일자리가 있을 리 없고, 나영이가 서둘지도 않을 거라는 사실은 진작 알고 있었다. 아무것도 조급해하지 않는 나영이를 보며 나는 괴로웠다. 그때 나는, 한시라도 이 고민에서 벗어나고 싶다는 생각뿐이었다.

마지막 날에 나는 그렇게 말했었다.

"갈 데는 구했니."

"아뇨. 뭐 어떻게든 되겠죠. 아 이제 이 집도 마지막인가."

나영이는 늘 똑같았다. 내일은 내일의 태양이 뜨는 법. 지금 걱정하지 않는다.

"전에 말한대로, 학원 알바 다시 해보는 게 어때."

"글쎄요. 생각 해봤는데, 모르겠어요."

"다시 예전 생활로 돌아가면, 새로 시작하겠다는 마음을 또 잊어버릴지 몰라. 나는 그게 제일 안타까워. 하지만 여기서 계속 있을 수도 없지. 그러니까, 네가 원장님 만나서 사과하고, 다시 알바 하겠다고 하면, 내가 근처 고시원을 얻어줄게. 공짜는 아냐. 알바 하면서 나한테 조금씩 갚으면 돼. 밥은 여기서 먹어도 될 거고. 그러는 게 낫지 않겠어?"

나로서는 마지막 협상안이었다. 아르바이트만 충실히 한다면 나영이에 대한 불신을 좀 누그러뜨릴 수 있을지 모른다. 또다시 방랑길에 오르지 않아도 된다. 빌려준 방값은 아마 돌려받지 못하겠지만, 생활비에 출혈이 심하겠지만, 그땐까짓거 상관 없다는 심정이었다.

하지만 나영이는 고개를 저었다.

"전 자유롭게 사는 게 좋아요. 아침에는 정말 못 일어나겠어요."

"내가 너 생각해서 말한다는 거 믿지? 난 니가 나중에 후회할 거 같아."

"… 그럴 거 같아요. 저 오빠 말 믿어요."

"근데 왜 굳이 안 하겠다는 거니?"

"모르겠어요. 후회할 거 같은데, 지금은 그냥 혼자 맘대로 지내보고 싶어요. 왜 그런지는 모르겠어요."

그때 그런 생각이 들었다. 업은 남이 바꿀 수 없다는 거. 나영이의 마음은 이미 이 집을 떠나 있었고, 내일부터 펼쳐질 혼자만의 나날이 어떨지 궁금해하고 있었다. 내가 고등학교를 졸업하고 서울로 올라올 때에도 그런 설렘이 있었지. 마음의 본질은 다르지 않을 거다. 하지만 나영이는 사람들의 축복과 기대를 받지 못한다. 사람들과의 관계를 지켜내는 일이 곧 자신을 지키는 일일 수 있음을 어린 나이에는 알지 못한다. 나영이는 나와의 관계를 유지하는 대신 자신의 취향을 선택했다. 그 끝에서 무언가를 얻어낼 수 있기를, 행운이 있기를 바라는 것이 이제 내가 할 수 있는 전부였다.

　3월 2일 나영이는 작별을 고했다. 커다란 가방을 짊어지고, 내가 쥐어준 전재산 5만 원을 갖고 나영이는 골목길로 향했다.

나와 헤어진 후, 나영이는 인천 쪽에 있다며 몇 번 연락이 오기도 했고, 거길 나와서 잠시 들린 적도 있었다. 나갈 때 가지고 갔던 가방은 중간에 버렸다고 했다. 나영이는 내가 처음 만났을 때처럼 꾀죄죄한 모습으로 돌아가 있었다. 나영이를 다시 들이고 싶다는 생각은 들었지만, 나영이의 생각이 바뀌지 않는 한 또다시 과거를 되풀이할 뿐이다. 언젠가 나영이도 마음을 고쳐 먹고 검정고시와 안정된 생활을 바랄지 모른다. 그때를 기다릴 수밖에 없을 거다. 나영이가 짊어지고 있는 업은 고쳐준다고 바뀌지 않을 테니까.

서울 어딘가에서 새로 사귄 언니들과 있겠다는 소식이 마지막이었다. 나영이와는 이제 연락이 되지 않는다. 나영이 휴대폰은 물에 빠뜨려 고장난 상태였다. 나영이가 연락하지 않으면 내 쪽에서 다가갈 방법은 없다. 그래도 가끔 전화를 해보고, 나영이가 그리도 좋아하던 네이트온에 쪽지도 남겨놓았다. 언젠가는 꼭 다시 만날 거라고 믿고 있다.

나영이가 후회할 줄 알면서 결국 자기 길을 택했듯이, 나에게도 해소할 수 없는 후회가 있다. 강압적으로라도 나영이를 주저 앉혔어야 한다고 나는 늘 갈등했고, 그러지 않으면 후회할 거라는 생각도 들었다. 내가 끝내 그러지 못했던 이유는, 나영이를 동등한 인격체로 대해야 한다는 믿음 때문이었다. 강박관념일 수도 있다. 처음 아이들을 만났을 때 나는 권력 관계를 만들지 않기 위해 꽤 신경을 썼다. 강요하지 말자는 철칙이 아마 그때부터 쭉 내게 자리잡고 있었던 것 같다.

그러나 만약 다른 식으로 행동했더라도 무조건 틀린 길은 아니었을 거다. 예전 중국에 갔을 때, 마누라가 셋이라는 남자를 만난 적이 있다. 그는 산골 농촌 지역에 자주 출장을 다니는데 거기에 현지처를 두고 있다고 했다. 법적으로나 도덕적으로나 이해 받기 어려운 행동이었지만 그의 주장은 나름 근거가 있었다. 그 여자들은 몇 푼을 벌기 위해 땡볕에서 종일 일을 해야 했다. 이제 그녀들은 남자가 보내주는 돈을 받으며 더 이상 힘든 노동에 시달리지 않아도 된다. 그녀를 위해 잘못된 일을 한 거냐는 그의 물음에 나는 대답을 하지 못했다.

나는 아이들에게, 그리고 나영이에게 옳은 일을 했다고도, 잘못을 했다고도 생각지 않는다. 그저 그때 필요한 행동을 하기 위해 최선을 다하려 했다. 내가 아이들을 통해 깨달은 것은, 머리 속의 관념들로 이해한 인간상과 실제의 사람들은 같을 수 없다는 거였다. 사랑스럽다거나 혹은 철없다거나 하는 말들로 아이들을 다 표현할 수 없다. 인간은 모든 걸 다 감싸 안고 있다. 나영이를 보며 나는 그동안 저지른 어리석은 행동들을 새록새록 떠올렸다. 어쩌면 아이들과 있던 시간은, 내가 가지고 있던 가장 나쁜 습관인 관념적 사고를 깨뜨리는 시련의 과정이었던 것 같다. '가장 무서운 호랑이'를 나는 만났다. 내가 바랐던대로.

이 글을 쓰면서 나영이와의 기억을 다시 찬찬히 떠올리게 되니 너무나 괴로웠다. 최선이라고 생각했던 행동에 여전히 숨어있던 이기심들을 발견하고 가슴이 찔리는 느낌이었다. 이제는 나도 과거의 나영이를 놓아줄 때다. 다시 만나게 된다면, 더 이상 과거에 얽매이지 않은 만남이었으면 좋겠다. 나영이와 나 둘 다에게.

나영이의 앞날에 행운이 있기를 기원한다. 꼭 행복하기를.